# 文化服务企业动态能力建设

## 基于功效与影响因素的分析 | 崔静雯 ◎ 著

DYNAMIC CAPACITY IMPROVEMENT OF CULTURAL SERVICE ENTERPRISES:
BASED ON THE ANALYSIS OF EFFICACY AND INFLUENCING FACTORS

经济管理出版社
ECONOMY & MANAGEMENT PUBLISHING HOUSE

**图书在版编目（CIP）数据**

文化服务企业动态能力建设：基于功效与影响因素的分析/崔静雯著 . —北京：经济管理出版社，2022.7

ISBN 978-7-5096-8608-9

Ⅰ.①文…　Ⅱ.①崔…　Ⅲ.①文化产业—企业管理—研究—中国　Ⅳ.①G124

中国版本图书馆 CIP 数据核字（2022）第 128841 号

组稿编辑：范美琴
责任编辑：杜　菲
责任印制：黄章平
责任校对：董杉珊

出版发行：经济管理出版社
　　　　　（北京市海淀区北蜂窝 8 号中雅大厦 A 座 11 层　100038）
网　　址：www.E-mp.com.cn
电　　话：（010）51915602
印　　刷：唐山昊达印刷有限公司
经　　销：新华书店
开　　本：720mm×1000mm/16
印　　张：12.25
字　　数：170 千字
版　　次：2022 年 9 月第 1 版　　2022 年 9 月第 1 次印刷
书　　号：ISBN 978-7-5096-8608-9
定　　价：88.00 元

# 前　言

　　文化服务企业作为一种特殊的企业，提供精神产品，传播思想信息，担负文化传承使命。它在追求经济效益时还应承担更多的社会责任，实现企业经济效益与社会效益相统一。但是，当前文化服务企业经济与社会效益发展不充分不平衡，实现两者平衡发展既是文化服务企业未来发展中面临的重大现实问题，也是文化服务企业高质量发展的内在要求。

　　如何实现文化服务企业高质量发展？党的十九大报告明确指出，高质量发展"必须坚持质量第一、效率优先，以供给侧结构性改革为主线，推动经济发展质量变革、效率变革、动力变革"。经济高质量发展需要通过企业高质量发展予以实现。文化服务企业作为变革的承担者，能否顺利实施质量变革、效率变革与动力变革，实现高质量发展、促进经济效益与社会效益相统一的前提是企业要具备高质量发展的能力，而且这种能力需要迎合国际与国内环境快速的变化。因此，有必要基于质量变革、效率变革与动力变革，去建设文化服务企业高质量发展的动态能力。

　　自1997年Teece等提出动态能力以来，国内外学者围绕着企业动态能力的概念、内涵、维度、机制、影响因素等展开了大量研究，还有学者利用企业动态能力这个工具研究了其在生产营运管理、市场营销管理、国际商务管理、公共管理等领域中的运用。当前我国已经进入经济高质量发展阶段，毋庸置疑，企业高质量发展需要具备动态能力，那么高质量发展背景下文化服务企业动态能力水平怎样？功效如何？驱动因素又有哪些？

基于以上问题，本书以文化服务企业上市公司为样本，从高质量发展的质量变革、效率变革以及动力变革视角来构建文化服务企业动态能力，并深入分析企业动态能力对文化服务企业经济效益、社会效益，以及经济效益与社会效益协调度的影响，揭示企业动态能力对它们的影响机制。进一步地，从企业家层面、高管团队层面、组织层面以及外部环境层面来探究企业动态能力的多层次影响因素，为提升企业动态能力提供可操作化的建议。

本书的撰写，一方面，希望利用动态能力理论研究文化服务企业在我国经济转型动态环境下的高质量发展问题，以期对企业动态能力理论研究有所贡献。另一方面，在面临百年未有之大变局情况下，通过文化服务企业动态能力的研究，让企业动态能力成为企业高质量发展的强有力工具，推进文化服务企业"双效"平衡发展，促进文化服务企业提供优质的文化产品供给，满足人们文化需求，以此推进文化服务企业繁荣发展。

# 目 录

第一章

# 绪　论

## 一、研究背景

　　经过 40 多年的改革开放，中国经济快速增长，经济总量跃居世界第二，人们生活水平显著提高。人们在满足物质方面的需求后，会更多地去追求精神方面的需求。因而，高质量文化产品的供给与群众的幸福指数密切相关，既是全面建成小康社会目标中体现人民生活质量的一项重要指标，也是满足人民对美好生活向往的重要途径。在此阶段，党的十九大报告明确指出要有效推动我国文化产业供给侧结构性改革，通过高质量文化供给来提升人们的文化获得感与幸福感。文化企业作为现代文化产业体系与市场体系的主体以及文化产品与服务的提供者，是文化产业发展的微观基础。因此，文化产业高质量发展应该建立在文化企业高质量发展的基础上。那么，如何推进文化企业高质量发展？

一方面，党的十九大报告中对于如何推进高质量发展做了明确阐述，高质量发展"必须坚持质量第一、效率优先，以供给侧结构性改革为主线，推动经济发展质量变革、效率变革、动力变革"。企业作为质量变革、效率变革、动力变革（以下简称"三维变革"）的承担者，需要通过"三维变革"以实现高质量发展。但是企业能否通过"三维变革"推进企业高质量发展，取决于它是否具备这种变革的能力。在新常态背景下中国经济发展的环境、条件、目标发生了新变化，国际环境的不确定性也在增加。因此，企业的变革能力应该是动态的，以便更好地适应这种新环境及新变化。另一方面，文化企业作为一种特殊的企业，提供的是精神产品，其产品不仅具有商品属性，而且具有意识形态属性。因而，文化企业的高质量发展不仅要考虑其经济效益，更要考虑其社会效益，不断优化其供给结构。

那么，在当前经济从高速增长阶段转向高质量发展阶段的背景下，如果要顺利实施"三维变革"，文化企业应具备怎样的动态能力？这种动态能力能否提升以及平衡发展文化企业的经济效益与社会效益？如能，如何来提升文化企业的动态能力？鉴于文化服务业作为文化企业中的核心层，代表着文化企业发展方向，同时也符合绿色发展理念。基于此，本书以文化服务企业上市公司为样本，应用动态能力理论及分析框架，从高质量发展背景下文化服务企业的动态能力出发，探讨动态能力的构建、功效及其多层次影响因素，为推进文化服务企业高质量发展提供建议。

## 二、研究意义

### （一）理论意义

本书利用动态能力理论研究文化服务企业在我国经济转型动态环境下的高质量发展问题，是对高质量发展理论的进一步深化；同时，也是对动态能力理论研究的进一步拓展。

1. 对高质量发展理论的进一步深化

自 2017 年习近平总书记在党的第十九次全国代表大会上首次提出高质量发展概念以来，有关高质量发展的研究逐年增多。研究主要集中在宏观层面的高质量发展方面。该类研究在高质量发展中占绝大多数，并主要集中于宏观层面的经济高质量发展，研究内容丰富。主要包括经济高质量发展的经济学分析（金碚，2018）、经济高质量发展的内涵（王永昌和尹江燕，2019）、经济高质量发展的基本特征与支撑要素（刘志彪，2018）、经济高质量发展的体制制度基础（卢现祥，2020）、经济高质量发展体系的构建与测度（任保平和李禹墨，2018；魏敏和李书昊，2018；李金昌等，2019；张涛，2020）、经济高质量发展的实现途径（任保平和文丰安，2018；刘友金和周健，2018）。也有部分文献对中观产业层面的高质量发展进行研究，该类文献主要是对各类产业高质量发展评价指标体系（江小国等，2019；韩君和吴俊珺，2020；王晨曦和满江虹，2020；夏会军和张冠楠，

2020）以及各类产业高质量发展路径展开分析（徐开娟等，2019；郝挺雷，2020；祝合良和王春娟，2020）。

然而，针对企业层面高质量发展的研究却较少。现有研究主要探讨了某类变量对企业高质量发展的影响。例如，基于内部控制与媒体关注（张广胜和孟茂源，2020）、减税降费、企业创新（吴翌琳和于鸿君，2020）、技术创新（陈丽姗和傅元海，2019）、知识产权保护（李强，2020）等因素，探讨它们对制造业企业高质量发展的影响。此外，也有学者探讨了企业高质量发展体系的构建与评价（马宗国和曹璐，2020）。

企业是宏观经济发展的微观主体，是中观产业发展的基本组织，经济高质量发展归根结底需要通过企业高质量发展予以实现（黄速建等，2018）。尽管现有文献就某单一因素对企业高质量发展的影响展开了研究，但企业高质量发展的前提是企业要具备高质量发展的能力，而且这种能力需要迎合国际与国内环境快速的变化。因此，需要从动态的角度去研究构建企业高质量发展的动态能力。

这就要求从企业动态能力的角度探究企业高质量发展。那么企业高质量发展应该具有怎样的动态能力与之匹配，这种动态能力应具备怎样的能力结构？本书试图对上述问题展开研究和分析，以期对我国经济高质量发展理论与实践的研究做出贡献。

2. 对动态能力理论进一步拓展

人们对动态能力感兴趣的原因在于它会对重要的结果变量产生影响。动态能力对企业绩效的影响被认为是该类文献的最重要的一部分（Fainshmidt 等，2016；Teece，2014）。动态能力可以通过系统变化为公司增加独特的价值，提高操作效率，适应环境，进而为企业带来竞争优势（Di Stefano 等，2014；Peteraf 等，

2013）。很多文献都发现动态能力对企业绩效的影响是积极的，如竞争优势或财务绩效（贺小刚等，2006），有研究表明动态能力可以增强各种特定领域的成果。例如，Zollo 和 Singh（2004）报告了一家公司收购后的整合能力对其收购绩效的积极影响。Su等（2014）认为，动态能力有利于保持高水平的产品质量性能；Golgeci 和 Ponomarov（2013）提供了企业创新能力是供应链复原力关键因素的证据。动态能力还被发现能帮助企业带来组织变革以及学习各种活动（Ambrosini 等，2009；Stadler 等，2013；Agarwal 等，2004；Easterby-Smith 和 Prieto，2008）。

因此，动态能力是企业获得持续竞争力的重要手段，企业要想获得持续竞争优势必须具备动态能力。文化服务企业作为精神产品的提供者，作为需要集经济效益与社会效益于一体的企业，应该具备怎样的动态能力，这种动态能力是否能推进文化服务企业实现经济效益与社会效益相统一？如果动态能力对文化服务企业的经济效益和社会效益能起到有效促进作用，那么什么因素会影响其企业动态能力，如何在中国经济新常态背景下培育与提升该动态能力值得深思。基于以上问题，本书从高质量发展的质量变革、效率变革以及动力变革方面来构建企业动态能力。在此基础上，深入分析动态能力对文化服务企业经济效益、社会效益以及经济效益与社会效益协调度的影响，并揭示动态能力对它们的影响机制。进一步从多层次因素来探讨企业动态能力的影响因素，为提升企业动态能力提供可操作化的建议。简言之，本书把企业动态能力理论的应用范围拓展到文化服务企业高质量发展的研究中，以期对企业动态能力理论研究有所贡献。

## （二）现实意义

### 1. 动态能力是文化服务企业高质量发展的强有力工具

党的十九大报告中提出了通过质量变革、效率变革和动力变革来适应经济高质量发展的要求。文化服务企业作为经济高质量发展的微观主体，是实施质量变革、效率变革与动力变革的承担者，能否通过质量变革、效率变革与动力变革来实现企业高质量发展的关键在于是否有实现三维变革的动态能力。企业只有具备了该种动态能力，才有可能把变革落到实处。本书对文化服务企业动态能力进行研究，有助于让企业动态能力成为企业高质量发展的强有力工具。

### 2. 有助于文化服务企业不断获得竞争优势

中美贸易摩擦的加剧，新冠肺炎疫情在全球范围内持续延续以及全球经济低迷，使得企业的外部环境不断发生变化，企业为了获得持续的竞争力，就需要通过变革来重新整合资源，以动态适应外部环境的变化。尤其是在互联网、大数据时代，各种冲击都会让企业主体感知的时间大为缩短，企业自身必须要对这种冲击和不确定性做出快速反应，以免落后于竞争对手。同时，我国已进入高质量发展阶段，人们对文化的消费偏好、消费模式以及对产品的需求都发生了转变，企业竞争优势随着原有环境的变化不断削弱。因而，企业需要迅速识别出环境变化，并根据这种变化重新构建新的动态能力，以适应市场变化，创造新的竞争优势。因此，文化服务企业动态能力的研究有助于企业在新的经济形势下做出新的判断和选择，重构其动态能力，不断获取企业竞争优势。

3. 为文化服务企业经济效益与社会效益平衡发展提供参考建议

当前文化服务企业社会效益与经济效益发展不充分不平衡，本书从质量变革、效率变革与动力变革视角去探寻企业动态能力，考察该动态能力驱动经济效益与社会效益平衡发展效果，并从企业家层面、高管团队层面、组织层面以及外部环境层面来探究企业动态能力的多层次影响因素，为文化服务企业经济效益与社会效益平衡发展提供参考建议。

## 三、研究内容与结构安排

本书主要从高质量发展背景下文化服务企业动态能力的理论构建与测度、功效以及多层次影响因素 3 个方面展开研究，研究的总体框架如图 1.1 所示。

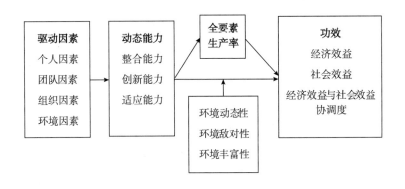

图 1.1　总体构思框架

## （一）研究内容

**1. 高质量发展背景下文化服务企业动态能力的内涵与测度**

高质量发展背景下文化服务企业动态能力的构建是本书研究的基石。该部分聚焦于动态能力结构维度以及指标体系，为企业动态能力在企业中的操作化做出贡献。首先，通过文献阅读及高质量发展的文献解读，结合文化服务企业特征界定出文化服务企业高质量发展的动态能力概念和内涵；其次，从质量变革、效率变革以及动力变革视域下构建企业动态能力的结构维度和指标体系；最后，通过文化服务企业上市公司的面板数据，实证分析企业动态能力发展现状、时序演变以及存在的问题。

**2. 高质量发展背景下文化服务企业动态能力的功效**

文化服务企业高质量发展不仅体现在企业具备经济效益，同时还体现在具备社会效益，需要实现经济效益与社会效益的有效统一。但现有企业动态能力功效研究的文献主要是探讨动态能力对企业经济效益的影响。企业动态能力对企业经济效益的影响机制有待探索；同时，企业动态能力对社会效益的影响机制和效果，以及对经济效益与社会效益协调度的影响也需要进一步研究。因而，该部分主要研究企业动态能力对企业经济效益、社会效益以及企业经济效益与社会效益协调度的影响效果和机制，并引入调节变量来探讨动态能力功效的调节效应，力图探究动态能力在文化服务企业效益中的作用。

**3. 文化服务企业动态能力的多层次影响因素**

在上述研究的基础上，假设发现企业动态能力的确有利于促进企业经济效益与社会效益平衡发展，那么就有必要促进文化服务企业动态能力的成长。该部分的目的在于识别出企业动态能力的关键影响因素。考虑企业动态能力受到企业家、高管团队、组织因素以及外部环境等多层次的影响，本书通过多层次的分析方法筛选出动态能力的关键影响因素，为激活企业动态能力提供参考。

## （二）结构安排

本书分为六章。

第一章是绪论。基于我国经济环境不确定性增加以及进入经济高质量发展阶段的现实背景，从文化服务企业动态能力的内涵与测度、功效及多层次影响因素构建了研究框架及内容，提出了研究价值，在此基础上绘制了技术路线图并阐述了研究方法。

第二章是企业动态能力的文献综述。从企业动态能力研究的起源、企业动态能力研究的理论基础（包括概念、内涵、研究假设）以及企业动态能力研究的组织框架（包括企业动态能力维度、前因变量、后果、机制及调节变量）方面对文献进行了梳理。并对以往研究进展进行了述评，提出了有待进一步研究的问题。

第三章是文化服务企业动态能力的内涵与测度。随着我国经济发展方式由高速增长向高质量发展转变，企业原有的竞争优势被侵蚀，需要通过质量变革、效率变革与动力变革来重构、整合资源，以塑造和提升企业动态能力。本章根据动态能力的文献，基于"三维变革"对企业高质量发展的要求，结合文化服务企业特征，界定高质量发展背景下企业动态能力的内涵，构建其结构维度与指标体系，对文化服务企业动态能力进行测度与评价。

第四章是文化服务企业动态能力功效的实证研究。首先对企业经济效益与社会效益进行指标构建并对经济效益与社会效益及双效协调度进行测度，在此基础上实证分析动态能力对企业经济效益、社会效益以及双效协调度的影响效果，并探究其影响机制以及调节效应。

第五章是文化服务企业动态能力多层次影响因素的实证研究。基于第四章的研究，证实了企业动态能力在企业经济效益与社会效益以及双效协调度中的作用效果与机制。本章通过对企业动态能力多层次影响因素的实证分析，探究对企业动态能力影响的关键性因素。

第六章是研究结论与展望。对研究的结论进行了总结，并基于各章节的分析及结果，对如何激活企业动态能力，提升动态能力在企业经济效益与社会效益协调发展中的作用提出管理启示与建议。同时也提出了研究的理论贡献及不足之处，并对未来进一步的研究提出了展望。

# 四、研究的技术路线和方法

## （一）技术路线

遵循"提出问题—分析问题—解决问题"的逻辑思路，研究主要围绕高质量发展背景下文化服务企业动态能力这一核心主题，回答高质量发展的企业动态能力"应该是什么"、"是什么"、"其功效如何"以及"如何提升"4个问题展开。研究的技术路线如图1.2所示。

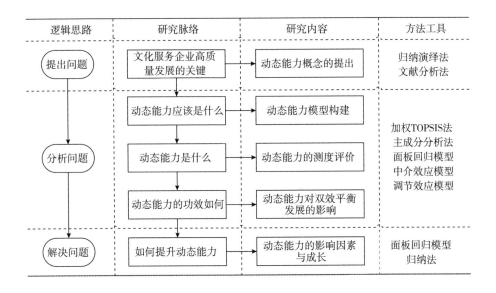

图 1.2　研究技术路线

## （二）研究方法

1. 归纳演绎法

在已有研究的基础上，归纳文化企业高质量发展中存在的问题，并分析长期存在这些问题的症结，推导出"动态能力是文化服务企业高质量发展的关键变量"的观点。

2. 统计分析方法

利用文化企业上市公司数据和熵权法确定经济效益与社会效益指标权重，并计算双效耦合协调度，采用加权改进的 TOPSIS 模型测评企业动态能力，通过主成分分析法测度企业家才能。

3. 计量分析方法

通过非平衡面板数据，利用面板数据模型实证分析动态能力对企业双效平衡协调发展的影响，利用权变法探讨动态能力与调节变量的相互作用，采用多层次影响模型识别出影响企业动态能力的关键因素。

# 五、本章小结

本章从研究背景、研究意义、研究内容与结构安排、研究技术路线与研究方法等方面展开，具体如下：

在我国高质量发展背景下，经济效益与社会效益平衡发展是文化服务企业高质量发展的内在要求。而要实现文化服务企业高质量发展的前提是从质量变革、效率变革与动力变革方面构建动态能力。

研究的理论意义与现实意义主要体现在以下两个方面：

（1）理论意义方面：①对高质量发展理论的进一步深化。从质量变革、效率变革与动力变革视角构建企业动态能力，探究企业动态能力对文化服务企业经济效益、社会效益以及经济效益与社会效益协调度的影响，探寻文化服务企业高质量发展的关键因素。②为动态能力理论发展提供新活力。在高质量发展背景下通过构建与企业高质量发展相适应的动态能力理论模型，实证分析文化服务企业动态能力水平、功效、机制以及多层次影响因素，将动态能力理论应用到企业高质量发展中，拓展了企业动态能力理论的研究范畴。

（2）现实意义方面：基于"三维变革"来构建动态能力并探索其功效，让企业动态能力成为企业高质量发展的强有力工具。通过企业动态能力多层次影响因素的分析，识别出企业动态能力提升的关键因素，通过动态能力的提升来推进文化服务企业双效平衡发展，促进文化服务企业提供优质的文化产品，满足人们文化需求，以此推进文化服务企业繁荣发展，提升国家文化软实力。

基于研究总体构思，从文化服务企业动态能力测度与评价、动态能力的功效、动态能力的多层次影响因素方面开展研究，并对研究的技术路线及研究方法进行了阐述。

# 第二章
# 企业动态能力的文献综述

## 一、企业动态能力的理论起源

在 Penrose（1959）的企业内生成长理论基础上，20 世纪 80 年代，理论研究者开始对企业如何获得以及保持竞争优势这一战略管理基本问题从不同视角进行了研究。

战略定位学派认为，企业在产业中的定位以及产业外部的市场结构是影响企业绩效的主要原因。企业的竞争优势取决于企业在产业中的相对地位，企业选择一个正确的产业是获得竞争优势的关键。该学派过分强调企业外部环境对企业竞争优势的影响，而忽略了企业竞争优势的内在来源。随着战略管理理论实证研究的不断深入，产业内不同企业所获利润的差异往往大于产业间的利润差异，该学派的理论观点被颠覆。于是，对企业竞争优势来源的探索从企业外部转向企业内部，资源学派与能力学派应运而生。

Wernerfelt（1984）基于企业内生增长理论，从企业的异质性假设出发提出了资源基础观，认为企业拥有异质性的资源和能力才是企业竞争优势的主要来源。其中，企业拥有的资源是指可利用的要素，能力是指配置、整合资源的能力。进一步地，Prahalad 和 Hamel（1990）提出核心能力概念，将核心能力看作是组织中的积累性学习，并强调企业的持续竞争优势更多来源于整合企业已有资源和技术的能力。但资源基础论与核心能力论都是基于静态研究视角，它们只能解释在静态环境中企业如何获得竞争优势，却不能解释企业如何在快速变化的环境中持续保持竞争优势（Eisenhardt 和 Martin，2000）。

基于此，Teece 等（1997）提出了动态能力理论，认为动态能力是指企业整合、建立、重构企业内外部资源以便适应快速变化的环境的能力，并从动态能力视角建立起企业如何获得持续性竞争优势的战略范畴。此后，企业动态能力的研究成为企业能力理论的前沿。

## 二、企业动态能力的理论基础

### （一）企业动态能力的定义

自 Teece 等（1997）提出动态能力以来，诸多学者对动态能力理论进行了细化与拓展，从不同视角对动态能力的定义及内涵进行了阐述。他们对动态能力的定义及解释汇总在表 2.1 中。

### 表 2.1 动态能力的理论基础

| 定义 | | |
| --- | --- | --- |
| 学者 | 解释 | 相关文献 |
| Teece 等 （1997） | 动态能力是整合、构建和重组内外部资源从而改变运营操作能力，以适应动态复杂变化环境的能力，反映的是在特定的路径依赖与市场位势下获取新的竞争优势的组织能力 | Doving 和 Gooderham（2008）<br>Witcher 和 Chau（2012） |
| Eisenhardt 和 Martin（2000） | 公司流程是使用资源，尤其是整合、重构、获取与释放资源，以迎合甚至引导市场变化，因此，动态能力是由公司获得新的资源配置的组织与战略的流程 | Butler 和 Murphy（2008）<br>Sarkis 等（2010） |
| Zollo 和 Winter（2002） | 动态能力就是一种持续稳定的集体学习的行为模式，通过这种模式，组织可以产生与调整其操作流程，进而提升其效率 | Arend（2014）<br>Dobrzykowski 等（2016）<br>Romme 等（2010） |
| Winter （2008） | 动态能力是修正运营操作以适应动态环境变化的能力，是一种更高层次的能力 | Athreye 等（2009）<br>Rahmandad（2012） |
| Zahra 等 （2006） | 动态能力是企业主要决策者以他们认为的正确方式重新配置企业资源与管理的能力，强调企业创始人与高管团队成员在动态能力建构中的重要性 | Autio（2017）<br>Albort-Morant 等（2016） |
| Wang 和 Ahmed（2007） | 动态能力是企业为了在快速变化的环境中赢得持续竞争优势，必须不断整合、重构、更新和再造自身资源的能力。动态能力可分为适应能力、吸收能力与创新能力 | 杨林等（2020） |
| Helfat 等 （2007） | 动态能力是组织有目的地创造、拓展、改变其资源基础的能力 | Anand 等（2010）<br>Maatman 等（2010） |
| Teece （2007） | 动态能力是有利于不断创造、拓展、升级、保护与保持企业相关的独特资源的能力 | Desyllas 和 Sako（2013）<br>Zheng 等（2011） |
| Barreto （2010） | 动态能力是一种企业潜在的系统解决问题的机制 | Gabler 等（2015）<br>Sirmon 和 Hitt（2009） |
| 贺小刚等 （2006） | 动态能力是不断学习从而应对市场快速变化的能力，强调能力的动态性、系统性和结构性 | 卢启程等（2018） |
| 李兴旺和 王迎军 （2004） | 动态能力是环境洞察能力、价值链配置与整合能力、资源配置能力的组合。基于动态能力作用的本源，动态能力可以从环境、战略或战术、产品、资源结构与竞争优势方面进行识别 | 赵艳萍等（2014） |

续表

| 定义 | | |
|---|---|---|
| 学者 | 解释 | 相关文献 |
| 理论设定 | | |
| 有限理性 | 个人决策程度会受到决策问题的可处理性以及个人认知的局限性和做出决定时间的限制 | Augier 和 Teece（2008）MacLean 等（2015） |
| 管理机构 | 管理决策和质量的作用和异质性程度 | Di Stefano 等（2014）Helfat 和 Peteraf（2015） |
| 动态能力的异质性 | 动态能力的差异表现在于企业间特性与共性的程度 | Barreto（2010）Kleinbaum 和 Stuart（2014） |

## （二）企业动态能力的理论设定

与其他理论一样，动态能力理论也是建立在一定的假设基础之上，这些假设有时候是隐含在论述中的。但是近年来，越来越多的学者开始直接讨论这些假设的价值及合理性。尤其要提到的是决策者的有限理性假定，已经被很多学者关注（Augier 和 Teece，2008；MacLean 等，2015），同时组织间动态能力的异质性也受到关注（Barreto，2010；Kleinbaum 和 Stuart，2014）。特别是 Augier 和 Teece（2008）的基础性工作，他们阐述了动态能力的几个前提设定，动态能力应该与人口生态学存在清晰的界限，因为前者是探究管理与组织结构的作用，而后者通常被认为路径依赖关系太强，组织无法适应。此外，动态能力方法的设定也被认为与企业的行为理论存在许多相似之处，包括有限理性假设、企业异质性的重要性以及学习的中心作用。Augier 和 Teece（2008）还认为，动态能力尽管与交易成本经济学相辅相成，但与之不同的是它侧重于机会（而不是机会主义）、新资源（而不是现有资源）和价值创造（而不是价值保护）。Augier 和 Teece

（2008）的理论工作有助于对企业动态能力运用的范围及条件提供深入见解。同时，假设明确也使研究人员能够得出新的预测，从而有助于进一步扩展动态能力的研究视角。

# 三、企业动态能力的组织框架

## （一）企业动态能力的维度

越来越多的研究者逐步认识到动态能力不再是单一的概念，而是呈现不同的形式（Eisenhardt 和 Martin，2000；Helfat 等，2007；Helfat 和 Winter，2011）。因而，学者们采用了多种方式来构建动态能力维度（见表 2.2）。

这些方式存在的区别主要体现在：①参与动态能力流程的类型。例如，Teece 等（1997）把动态能力划分为整合能力、学习能力与重构能力三个维度；Teece（2007）把动态能力划分为机会感知能力、机会利用能力与转换能力；Wang 和 Ahmed（2007）把动态能力划分为适应能力、吸收能力与创新能力。②动态能力的惯例程度。例如，Winter（2008）依据惯例过程，基于自主解决问题的相对程度来对动态能力进行分类。③动态能力应用的领域。例如，Eisenhardt 和 Martin（20040）把动态能力看成是结盟、新产品开发与并购能力；Marsh 和 Stock（2006）把动态能力看作是产品开发能力；Doving 和 Gooderham（2008）把动态能力看作是人力资本与内部开发、结盟能力。④能力的层级。例如，

Collis（1994）把能力分为零阶、一阶、二阶和高阶能力。⑤基本分析单元。例如，Adner 和 Helfat（2003）、Felin 等（2012）从个人、团队、组织以及组织外部来对动态能力进行分类。

表 2.2 企业动态能力维度分类

| 类别 | 解释 | 分类及相关文献 |
| --- | --- | --- |
| 流程 | 基于潜在动态能力过程的差异来进行分类 | 整合/学习/重构：Pierce（2009）<br>感知/获取/转移：Martin（2011） |
| 功能 | 基于在企业中不同的运用领域或活动的差异的类型 | 结盟：Schilke（2014）<br>新产品开发：Danneels（2008）<br>并购：Bingham 等（2015）<br>国际化：Bingham 和 Eisenhardt（2011） |
| 等级 | 基于每种能力嵌套在更高等级能力中的类型，如一阶动态能力重构组织资源基础；二阶动态能力重构一阶动态能力等 | Heimeriks 等（2012）<br>Robertson 等（2012） |
| 惯例 | 基于惯例过程或探索性的强度差异的类型 | Peteraf 等（2013）<br>Salvato（2009） |
| 基本分析单元 | 基于不同分析单元层次的类型，如动态能力与管理者、团队、组织、企业或企业网络 | 个人：Adner 和 Helfat（2003）<br>Sirmon 和 Hitt（2009）<br>团队：Friedman 等（2016）<br>Hodgkinson 和 Healey（2011）<br>企业：Coen 和 Maritan（2011）<br>Rahmandad（2012）<br>外界环境：Dyer 和 Nobeoka（2000）<br>Kim 等（2013） |

这些不同的方法有助于我们更加丰富、细致地理解具体的和可观察的动态能力是由什么构成的。首先，Teece（2007）的分类是：把动态能力看作是感知新的机会、利用这些机会以及改变组织及其战略。根据该分类，动态能力反映了不同的组织程序，旨在全面理解商业环境和新出现的机会和威胁（感知），在投资机会和商业模式中做出战略选择（利用），并重新配置组织资源、结构和能力（改变）。现有大多数文献采用该分类或采用 Teece

等（1997）的分类，即整合、学习与重构组织。尽管 Teece（2007）和 Teece 等（1997）对动态能力的分类存在不同的称谓、关注点及排序，但是基于这两种分类的组织过程有很多类似和重叠之处。通过对这两篇论文的比较，Teece（2007）更强调感知［Teece 等（1997）在重构的内容中也提及感知］，Teece 等（1997）更强调整合［Teece（2007）在转变中有所涉及整合］。因此，Teece（2007）对组织流程的讨论是对 Teece 等（1997）动态能力分类的细化，而不是取代。

其次，动态能力维度的分类方式是根据惯例的程度。Teece（2007）和 Teece 等（1997）把组织惯例嵌入动态能力的重要元素中，这方面被 Winter（2008）、Helfat 和 Winter（2011）所强调。也有一些证据表明一些活动很少涉及惯例。然而，在进一步的分析中，事实证明这些活动存在重要的惯例。例如，虽然新产品开发由于是个人探索新的想法可能不存在惯例，但是新产品开发通常需要在一个稳定的、反复出现的框架和组织流程中才能发生（Iansiti 和 Clark，1994）。同样地，Teece（2007）及其后期的研究工作，如 Augier 和 Teece（2008）也强调企业家精神，认为管理决策较少存在惯例。但是 Adner 和 Helfat（2003）在其动态管理能力的概念中提到，实践和模式化行为通常是管理决策的稳定基础（Helfat 和 Martin，2015）。这些基础包括人力资本、社会资本与认知识别等管理资本（Adner 和 Helfat，2003）以及心理历程（Helfat 和 Peteraf，2015）。总之，动态能力在很多场合与惯例相关，但是单个动态能力之间的惯例化程度却存在差异。

再次，有较多文献根据公司内部动态能力特定的应用领域来分类。经验研究证实了 Eisenhardt 和 Martin（2000）与 Winter（2008）的见解，即动态能力应附属于它们应用的活动与内容。

新产品开发可能是动态能力最典型、最传统的应用领域（Iansiti 和 Clark，1994）。

鉴于各组织可以为了战略变革的目的而试图利用企业之外的资源，很多学者也研究了动态能力的其他用途，如兼并和收购、结盟。认识到这些主题的重要性，有助于将动态能力观点传播到邻近领域，如业务管理、营销、组织间关系等。此外，由于地理扩张也是动态能力运用的领域，因此有目的地组织国际化是战略学者和国际商务学者所研究的重要内容。

此外，动态能力较受关注的维度分类是根据其在能力层次结构中的位置。Collis（1994）首次提出将动态能力嵌入能力结构的层次中。能力层次中最基本的是操作能力，或者说是 Collis（1994）定义的零阶能力，它通过动态能力［Collis（1994）把它定义成一阶能力］来调整。这种动态能力也能够调整成二阶甚至是高阶的动态能力（Collis，1994）。Winter（2003）和一些其他学者采用了该术语。

越来越多的学者逐步认识到，动态能力存在于不同的分析单元中，大部分论文都以某种方式处理分析单元，这反映了动态能力能够通过分析组织层面、管理层面、个人层面或其他层面（如团队层面）来获取支撑。虽然对组织层面的研究仍然最常见，但人们对动态管理能力越来越感兴趣（Adner 和 Helfat，2003；Helfat 和 Martin，2015；Sirmon 和 Hitt，2009），这与越来越多的学者正在研究的能力的微观基础保持一致（Felin 等，2012）。个人技能和认知已经成为动态能力的重要来源（Helfat 和 Peteraf，2015）。作为组织和个人层面的补充，研究人员指出关键群体如高层管理团队和其他执行团队，对动态能力有重要的影响作用（Friedman 等，2016；Martin，2011）。甚至有案例表明，动态能力受到超出企业边界因素的影响，如产品网络层面（Dyer 和 No-beoka，2000）或者国家层面（Teece，2014）。综上所述，动态能力视角已经成为一个全面的多层次范式。

## （二）企业动态能力的前因变量

多年来，对动态能力来自哪里的洞察非常有限（Felin 和 Foss，2005）。然而，最近在多个层面的调查分析中确定了一些相关的先行因素，包括个人层面、组织层面与环境层面，以此可识别出企业动态能力的开发、维护和使用的因素。企业动态能力前因变量的分类集中在表2.3中。

表 2.3　企业动态能力前因变量的分类

| 前因变量 | 解释 | 相关文献 |
|---|---|---|
| 经验 | 直接接触或观察事实或事件 | Chen 等（2012）<br>Schilke 和 Goerzen（2010） |
| 组织结构 | 为了完成组织目标的活动（如任务分配、协调和监督）的策划方式 | Eisenhardt 等（2010）<br>Felin 和 Powell（2016）<br>Schilke 和 Goerzen（2010） |
| 组织文化 | 对组织成员价值观、信仰和原则的集合 | Anand 等（2009）<br>Bock 等（2012）<br>Song 等（2016） |
| 资源 | 公司可处置的有价值的有形或无形资产 | Capron 和 Mitchell（2009）<br>Salge 和 Vera（2013） |
| 信息技术 | 应用计算机和互联网储存、研究、检索、传输和操作数据 | Macher 和 Mowery（2009）<br>Pavlou 和 El Sawy（2010） |
| 人力资本 | 员工技能的集合 | Hsu 和 Wang（2012）<br>Kale（2010） |
| 领导才能 | 管理公司的水平 | Day 和 Schoemaker（2016）<br>Kor 和 Mesko（2013）<br>Rindova 和 Kotha（2001） |
| 管理认识 | 管理者的心理表征、获得知识和理解的行动或过程 | Dunning 和 Lundan（2010）<br>Leiblein（2011） |

| 前因变量 | 解释 | 相关文献 |
| --- | --- | --- |
| 外部环境 | 公司经营的外部环境或条件 | Fawcett 等（2011）<br>Killen 等（2012） |
| 组织间结构 | 企业相互联系的关系模式 | Jansen 等（2005）<br>Roberts 和 Grover（2012） |

从动态能力的角度来看，与 Teece 等（1997）最原始陈述现有资源或 Teece 等的"位势"术语一致，许多研究对相关组织层面上动态能力的驱动因素非常关注。学者一致认为资源丰富的企业往往计划、执行和维护战略变革的能力更强（Giudici 和 Reinmoeller，2012；Helfat 和 Peteraf，2009）。不同类型的资源，如财政资源（El Akremi 等，2015）、技术资源（Anand 等，2010）和闲置资源都有利于动态能力的提升。

大量证据表明，现有资源有助于提升动态能力，但是还有学者提出，资源和业务能力不仅可以作为动态能力的补充，而且可以作为替代（Rahmandad，2012）。尤其是被要求优先考虑短期增长的管理人员可能会决定建立业务能力和其他组织资源，以帮助产生短期回报，同时放弃建立只能在长期内呈现效果的动态能力机会。因此，组织资源、业务能力和动态能力之间的关系可能比最初假设的要复杂得多。

除组织资源外，组织经验作为动态能力的潜在来源已经引起了广泛的关注。例如，动态能力提升部分通过干中学，部分通过雇用经验丰富的人员。正如 Pisano（2002）所总结的，今天的能力种子就是昨天的经验。与这个说法一致，Chen 等（2012）认为当进入新的行业时，以前的经验会提高企业的综合能力；Schilke 和 Goerzen（2010）发现联盟经验与联盟管理能力之间有显著的相关关系。也有大量研究阐明组织结构（Eisenhardt 等，2010；Felin 和 Powell，2016；Schilke 和 Goerzen，2010）、组织文化（Anand 等，2009；Bock 等，2012）和信息技术（Macher 和 Mowery，2009；Pavlou 和 El Sawy，2010）对动态能力的影响。

此外，一些学者从个体因素以及它们在形成动态能力中的作用方面来阐明动态能力的微观基础（Abell 等，2008；Felin 等，2015）。具体包括人力资本（Hsu 和 Wang，2012；Kale，2010）、领导力（Kor 和 Mesko，2013；Rindova 和 Kotha，2001）与管理认知（Dunning 和 Lundan，2010；Leiblein，2011）。例如，Kale（2010）表明，在海外受过教育或有海外工作经验的科学家有助于印度公司获取研发能力。Salvato（2009）对意大利设计公司 Alessi 90 种新产品的开发过程进行研究，发现个人的微观活动塑造了组织的产品开发能力。由于在新产品开发过程中并没有获取市场结构或战略资源便利，因而该文献被认为是管理动态能力与个人经历之间存在因果关系最有力的证据。

还有文献通过调查识别出公司边界之外影响动态能力的因素，特别是研究外部环境的作用，如环境活力（Fawcett 等，2011；Killen 等，2012）、组织间结构（Jansen 等，2005；Roberts 和 Grover，2012）。这些调查着重表明，企业并不是在真空中构建动态能力，而是会受到大量的组织环境的影响。例如，Fawcett 等（2012）将行业的竞争压力描述为一个强大的动力，它会导致公司发展组织间协作能力。Zheng 等（2011）把网络嵌入动态功能中，发现关系嵌入有利于知识获取能力，同时网络的多样和联合也有助于提升知识组合能力。

所有这些研究都表明，公司在何种条件下获取动态能力的研究取得了实质性进展。大多数都建立在 Teece 等（1997）的框架基础上，强调以前的路径和资源位势能作为动态能力的有利条件（Eisenhardt 和 Martin，2000；Teece，2007）。其他研究扩展了此框架，并考虑可能影响动态能力的其他因素。

## （三）企业动态能力影响的后果

如前所述，众多管理学者对动态能力感兴趣的原因在于，它们会对重要的结果变量产生影响。表 2.4 对动态能力的影响后果进行了汇总。

表 2.4 动态能力影响的后果

| 类别 | 解释 | 相关文献 |
| --- | --- | --- |
| 企业绩效 | 会计利润或竞争优势 | Desyllas 和 Sako（2013）<br>Shamsie 等（2009）<br>Teece 和 Leih（2016） |
| 特定领域或流程的绩效 | 在某一特定领域或流程中完成的情况，并购、产品质量、供应链管理 | Zollo 和 Singh（2004）<br>Su 等（2014）<br>Golgeci 和 Ponomarov（2013）<br>Stadler 等（2013） |
| 外部适应度 | 企业及其资源或活动适应环境的程度 | Helfat 和 Peteraf（2009）<br>Lichtenthaler（2009） |
| 存活 | 企业持续存在 | Dixon 等（2014） |
| 成长 | 企业关键变量，如员工数量或税收增加的过程 | Filatotchev 和 Piesse（2009）<br>Nickerson 等（2012） |
| 柔性 | 企业适应主要环境变化的能力 | Vanpoucke 等（2014）<br>Wilhelm 等（2015） |
| 创新结果 | 创新过程中的结果，如新产品开发、专利等 | Karim（2009）<br>Mitchel 和 Skrzypacz（2015） |
| 资源基础变化 | 资源组合的变化 | Ambrosini 等（2009）<br>Helfat 和 Martin（2015） |
| 学习 | 对知识或技能的获取 | Agarwal 等（2004）<br>Easterby-Smith 和 Prieto（2008） |

实际上，动态能力对绩效的影响被认为是该类文献的最重要的内容之一（Fainshmidt 等，2016；Teece，2014）。动态能力能够为企业带来竞争优势，是因为它可以通过系统变化为公司增加独特的价值，提高操作效率，进而适应环境（Di Stefano 等，2014；Peteraf 等，2013）。除通过这些方式提供价值外，动态能力还有其他资源基础的稀缺、不可模仿、不可替代三个特征（Ray 等，2004）。不是所有的组织都能够拥有这三个特征（Collis，1996），这些特征的路径依赖关系，无形性、复杂性和组织特异性使它们难以模仿（Gibson 和 Birkinshaw，2004；Helfa 和 Winter，2011），并且很少有其他手段允许组织有目的性地去改变这些基础（Helfat 等，2007）。

鉴于这一理论的重要性，许多研究都集中在动态能力的各种后果上。其中很多文献分析了动态能力对企业层面绩效的影响，如竞争优势或财务绩效，大多数研究都假定或发现了积极的影响。除这些广泛的公司层面的成果外，学者已经研究了动态能力在其他更多领域的成果。一般来说，这些研究表明动态能力可以增强各种特定领域的成果，如 Zollo 和 Singh（2004）报告了一家公司收购后的整合能力对其收购绩效的积极影响。Su 等（2014）认为学习能力有助于保持高水平的产品质量性能，而感知能力则会提升产品质量性能的一致性。Golgeci 和 Ponomarov（2013）提供了企业创新能力是供应链复原力关键因素的证据。

也有文献通过检验资源基础的变化来考察动态能力对组织变革（Ambrosini 等，2009；Stadler 等，2013）与学习类型（Agarwal 等，2004；Easterby-Smith 和 Prieto，2008）的影响。正如这些作者所假设的一样，动态能力被发现能帮助企业带来组织变革以及学习等活动。

## （四）企业动态能力影响的机制

尽管组织变革经常被视为动态能力最终的后果，但是已有研究明确了这种多步骤的因果链，其中资源发生变化是动态能力的中间结果，动态能力通过资源变化来影响绩效（Karimi 和 Walter，2015；Protogerou 等，2012）。这与 Eisenhardt 和 Martin（2000）的理论立场一致。Helfat 和 Peteraf（2003）、Zahra 等（2006）、Zott（2003）认为动态能力的直接目的是改变资源基础，资源基础的这种变化又可以解释绩效的变化。根据此论点，资源更改充当中介变量，动态能力通过它影响业绩。

通过建立清晰的因果关系模型来解释动态能力的功效值得称道。到目前为止，资源基础的变化是研究最频繁的，且很少去研究其他的中介变量。然而，正如我们一开始所指出的，动态能力可能直接改变外部环境的特征，却很少有研究对这些或其他的中介变量进行调查，进而考察中介变量对功效的影响。

## （五）企业动态能力影响的调节变量

近年来，动态能力后果的理论或实证文献越来越多地采用权变方法（Contingent Approach）去识别动态能力影响的调节变量。表 2.5 对动态能力影响的调节变量进行了汇总。最常采用的调节变量就是环境动态性。例如，Schilke（2014）发现动态能力与公司绩效在环境动态性处于中等水平时联系最紧密；当环境动态性处于低水平（可能会更少机会摊销动态能力开发和维护的成本）或高水平（环境变化可能过于突然和不可预见而不能充分利用计划中的战略变化）时，动态能力与公司绩效的关系会变弱。

表 2.5　动态能力影响的调节变量

| 变量 | 解释 | 相关文献 |
|---|---|---|
| 组织规模 | 通常由员工数量或资产规模决定 | Arend（2015）<br>O'Reilly 等（2009） |
| 组织结构 | 为完成组织目标活动（如任务分配、协调和监督）的策划方式 | Fang 和 Zou（2009）<br>Wilden 等（2013） |
| 组织文化 | 对组织成员价值观、信仰和原则的集合 | O'Connor（2008）<br>Roberts 等（2016）<br>Slater 等（2014） |
| 战略 | 企业为了达到长期目标的活动总和 | Carpenter 等（2001）<br>Engelen 等（2014） |
| 组织间结构 | 企业相互联系的模式 | Ambrosini 等（2009）<br>Subramaniam 和 Youndt（2005） |
| 其他组织能力 | 动态能力以外的组织能力 | 二阶动态能力：Schilke（2014）<br>异质性资源：Teece（2014） |
| 行业部门 | 企业所处的行业 | Pandza 和 Thorpe（2009）<br>Piening（2013） |
| 地理位置 | 公司所在的地区或国家 | Brouthers 等（2008）<br>Parente 等（2011） |
| 环境动态 | 环境变化的速率和不可测性 | El Sawy 等（2010）<br>Harris 等（2009） |
| 竞争集中度 | 行业内竞争对手之间竞争的激烈程度 | Arrfelt 等（2015）<br>Harvey 等（2010） |

除环境动态性外，较多研究也探讨了动态能力与其他变量的相互作用。这些变量包括各种类型的组织能力（Schilke，2014）、组织战略（Carpenter 等，2001；Engelen 等，2014）、组织规模（Arend，2015；O'Reilly 等，2009）、组织文化（O'Connor，2008；Slater 等，2014）、行业类别（Pandza 和 Thorpe，2009；Piening，2013）、地理区域（Brouthers 等，2008；Parente 等，2011）以及组织网络（Ambrosini 等，2009；Subramaniam 和

Youndt，2005）等。关于这些相关调节变量的研究有助于解释动态能力的有效性可能依赖于具体的内外部情况。

总体而言，企业动态能力的相关研究非常丰富。基于研究需要，本节对企业动态能力的定义与内涵、动态能力的维度、动态能力的后果、动态能力的影响机制、动态能力的调节变量以及动态能力的前因变量展开了综述。企业动态能力的整体研究框架如图 2.1 所示。

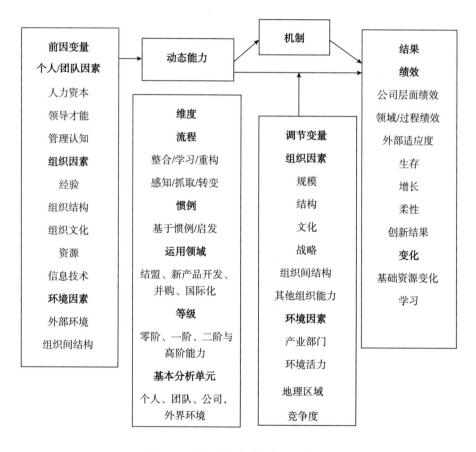

图 2.1 企业动态能力综合研究框架

# 四、以往研究的进展及简短述评

近 20 年来，企业动态能力一直是研究的热点之一。学者较一致地认为动态能力是企业动态适应环境变化的能力，且是企业获得持续竞争优势的来源之一。现有动态能力的研究主要围绕动态能力的概念、类型、前因变量、影响后果、影响机制以及影响的调节变量等展开。

动态能力的定义非常丰富，迄今为止尚未达成一致。常用的是 Teece 等（1997）、Eisenhardt 和 Martin（2000）以及 Helfat 等（2007）的定义，这些定义之间彼此互补。但在进行经验分析时，由于动态能力与特定的活动及设定有关，使用一个清晰明确的动态能力定义是必要的。当实证分析解释研究目标与动态能力的核心特征一致时，有助于将其发现推广到更广泛的领域及更抽象的动态能力理论中。反之，如果研究目标与动态能力定义缺乏契合度，将限制对动态能力进一步的理解。

动态能力存在许多不同的类型，现有研究主要是基于流程、惯例、功能、等级、分析单位来构建动态能力维度。大量研究都是建立在 Teece 等（1997）的整合、学习与重构能力和 Teece（2007）的感知、利用、转换能力的基础上的。这些具体的组织流程有利于我们更好地理解动态能力在组织中的表现。此外，有学者也从其他维度来构建企业动态能力。但是不管如何，从不同维度来构建动态能力的目的在于深入了解动态能力的性质及其在组织中的具体作用。

前因变量主要包括组织层面（如组织资源、组织经验、组织结构、组织文化、信息技术）、个体因素（如人力资本、领导力、管理认知、海外工作经验）、外部环境（如环境活力、组织间结构）等，其中组织层面相关的前因变量最为丰富，而在一个体系下考虑多个层次的前因变量对动态能力的影响还未引起重视。

动态能力的影响后果主要包括企业绩效、创新成果、领域/过程绩效、企业成长、外部适应度、生存、增长、柔性、基础资源变化等，其中企业绩效和创新成果最为常见，而动态能力对企业社会责任及社会效益影响的文献还有待进一步拓展。

企业动态能力影响机制的讨论不多，主要集中于将资源基础变化作为中介变量来探讨动态能力的影响机制。然而资源基础变化的形式呈现多样性，可以尝试通过不同的资源基础变化形式来考察动态能力的作用机制。

调节变量一直是动态能力研究主要关注的领域之一。组织结构与其他组织能力是企业动态能力影响常用的调节变量，此外，还有环境动态、地理区域以及行业。以组织规模、文化、结构、战略作为调节变量来研究动态能力的影响值得进一步探索。

## 五、有待进一步研究的问题

自 Teece 等（1997）提出动态能力以来，国内外学者围绕着企业动态能力自身的概念、内涵、维度、机制、影响因素等展开了大量研究，同时还有学者利用企业动态能力这个工具研究了它在生产营运管理、市场营销管理、国际商务管理、公共管理等领域中的运用。

当前我国已经进入经济高质量发展阶段，毋庸置疑，企业高质量发展需要动态能力，那么高质量发展背景下企业动态能力究竟包括哪些因素？其功效如何？企业家、高管团队、外部环境在当中的作用如何？如何来培育企业高质量发展的动态能力？尤其是具体到文化服务企业高质量发展的动态能力，由于文化服务企业产品具有商品属性与意识形态属性，这种动态能力能否很好地协调平衡好企业的经济效益与社会效益都是亟待解决的问题。

## （一）高质量发展背景下文化服务企业动态能力的测度

由于动态能力是企业在环境变化时构建、整合和重构资源，以适应市场变化的一组能力集合。随着时间与空间的变化，企业动态能力具体的结构维度与测度指标体系也应该与时俱进，适合当时的场景与时代要求。尽管已有大量文献分析了企业动态能力的结构维度及指标体系，但是并未达成一致，需要用不断的实证分析进行检验。

具体而言，中国已进入经济高质量发展阶段，企业为适应这一经济发展方式的转型，必须要具有与高质量发展相适应的动态能力。但在此背景下，与企业高质量发展相关的动态能力的操作性实证分析还缺乏。因此，本书在文献梳理的基础上，以经济高质量发展为助推器，以质量变革、效率变革与动力变革为切入点，通过文化服务企业上市公司数据构建企业动态能力的结构维度及具体指标，使企业动态能力具备可操作性。鉴于现有文献对动态能力测度一般采用问卷调查法，所获取的截面数据无法反映样本期间内企业动态能力的演化过程，需研究通过构造面板数据结构对企业动态能力的结构维度及具体指标进行测度。

## （二）高质量发展背景下文化服务企业动态能力的功效

已有文献通过调查研究和案例分析，普遍发现动态能力与企业绩效之间存在正向关系。

但是，文化服务企业高质量发展不仅体现在经济效益上，而且体现在社会效益上，需要达到经济效益与社会效益相统一。因此，在企业操作化研究的基础上，既需要实证分析动态能力对经济效益的影响，还需要进一步研究其对社会效益以及经济效益与社会效益协调度的影响，以考察文化服务企业动态能力及其各维度是否能促进经济效益与社会效益协调发展，为文化服务企业双效统一实践提供理论指导。

## （三）文化服务企业动态能力的多层次影响因素

现有企业动态能力的研究主要侧重于对企业动态能力的概念与内涵、企业动态能力与企业绩效关系的研究，也有文献开始涉及动态能力的影响因素，如企业家个人、高管团队、组织资源的企业内部因素，以及企业所处环境的外部因素。但在这些影响因素中哪些是关键的因素，这些关键因素又是如何驱动企业动态能力成长的相关研究仍不明了。

因此，有必要从企业动态能力的影响因素入手，分析企业动态能力受哪些关键因素影响，它们又是如何来影响企业动态能力，以及如何促进动态能力成长的。并且由于企业高质量发展的动态能力受制于高质量发展的约束以及中国国情的影响，需要通过实证检验，把动态能力理论研究与中国文化服务企业实际情况相结合，找出适合我国文化服务企业的动态能力成长路径。

# 六、本章小结

本章主要就动态能力的文献进行了综述，主要包括以下方面：

第一，对企业动态能力研究的起源、企业动态能力研究的理论基础（包括概念、内涵、研究假设）以及企业动态能力研究的组织框架（包括企业动态能力维度、前因变量、后果、机制及调节变量）进行了研究综述。

第二，通过研究进展与简短述评，就企业动态能力的概念与维度、动态能力影响的后果以及影响的中介变量、调节变量及驱动因素的研究进行了总结归纳。

第三，从文化服务企业动态能力的理论构建与测度、动态能力的功效、动态能力的多层次影响因素三个方面总结了有待进一步研究的问题，为总体研究设计打下了基础。

# 第三章
# 文化服务企业动态能力的内涵与测度

　　文化服务企业作为现代文化产业体系与市场体系的主体以及文化产品与服务的提供者,是文化产业发展的微观基础。虽然已有少量文献涉及了企业高质量发展,但是文化企业及其产品有自己的特征,既具有经济属性,又具有社会属性与文化属性,因此有必要单独来研究文化企业高质量发展。那么,在中国经济由高速增长向高质量发展转变中,文化企业作为"质量变革、效率变革、动力变革"的承担者,如何通过"三维变革"来推进文化服务企业高质量发展,适应环境变化,其关键在于构建企业高质量发展的动态能力。

　　本章基于企业动态能力理论,在"质量变革、效率变革、动力变革"视角下提出高质量发展背景下文化服务企业动态能力概念,构建文化服务企业动态能力指标体系,基于2013~2019年文化服务企业上市公司数据,利用熵权 TOPSIS 法测度文化服务企业动态能力,揭示其变化趋势、特征并通过障碍度模型分析高质量发展背景下文化服务企业动态能力的主要阻碍因素,以促进文化服务企业的动态能力提升。

# 一、高质量发展背景下文化服务 企业动态能力的内涵

## （一）高质量发展背景下企业动态能力的内涵

### 1. 企业高质量发展内涵

企业高质量发展，有些人认为就是提供高质量的产品与服务，即有效满足人们日益增长的物质与精神需求。不可否认，提供高质量的产品与服务是企业高质量发展的直观体现，但高质量发展并非只是产品的高质量发展。企业在追求高质量产品与服务的过程中，还需要实现内涵式、集约式发展，即提高生产要素的质量和使用效率，实现从低附加值向高附加值、高能耗高污染向低能耗低污染转变（赵剑波等，2019）。同时，这种发展还必须可持续。企业发展的可持续，既可以提高公司品牌价值，还可以带来积极的社会、经济及环境效应。企业可持续发展体现在两个方面：一方面是企业自身要具有成长性，另一方面企业要与外部环境、资源等协调发展。从上述内容可以看出，企业高质量发展是企业集约型发展、内涵式发展范式和可持续发展的集成。因此，企业高质量发展就是通过对资源的整合与重构，持续高效地提供高质量产品与服务，持续保持竞争优势。

### 2. 高质量发展背景下企业动态能力的概念

中国企业如何通过变革来适应动态变化的环境，以实现企业

高质量发展？随着我国经济增长方式的转变与企业外部的竞争环境呈现急剧变化的动态性，企业所处的市场与行业环境趋向于复杂、动态与不确定性变化，导致企业原有的竞争优势不复存在，必须通过创新与重构组织内外部资源，使其能够动态适应复杂变化的环境，以获得持续竞争力（Teece 等，1997；Augier 和Teece，2009）。这就需要企业构建动态能力，在动态变化环境中获取无数个暂时竞争优势，进而获取长期的竞争优势。也就是说，企业高质量发展实际上是发展企业的动态能力，企业必须根据新的形势选择、塑造及构建其动态能力，以赢得持续竞争优势。高质量发展背景下企业动态能力就是通过持续高效地提供高质量产品与服务，保持企业持续竞争优势的能力。

## （二）高质量发展背景下文化服务企业动态能力的特殊性

### 1. 文化服务业界定

根据《文化及相关产业分类（2018）》，文化产业可以分为文化制造业、文化批发零售业与文化服务业。鉴于文化制造业与文化批发零售业大部分不属于文化产业的核心领域，而文化服务企业几乎涵盖了文化产业的核心领域。文化服务业具体内容如表3.1 所示。

表 3.1　文化服务业分类

| 新闻信息服务 | 新闻服务、报纸信息服务、广播电视信息服务、互联网信息服务 |
|---|---|
| 内容创造生产 | 出版服务、广播影视节目制作、创作表演服务、数字内容服务、内容保存服务、工艺美术品制造、艺术陶瓷制造 |
| 创意设计服务 | 广告服务、设计服务 |

| 文化传播渠道 | 出版物发行、广播电视节目传输、广播影视发行放映、艺术表演、互联网文化娱乐平台、艺术品拍卖及代理、工艺美术品销售 |
|---|---|
| 文化投资运营 | 投资与资产管理、运营管理 |
| 文化娱乐休闲服务 | 娱乐服务、景区游览服务、休闲观光游览服务、文化相关领域 |
| 文化辅助生产和中介服务 | 文化辅助用品制造、印刷复制服务、版权服务、会议展览服务、文化经纪代理服务、文化设备（用品）出租服务、文化科研培训服务 |

资料来源：根据国家统计局《文化及相关产业分类（2018）》整理。

本书选择文化服务企业作为研究的切入点是因为：一方面，文化服务业能够较全面地反映文化产业整体发展状况；另一方面，现代服务业作为一个国家或地区经济现代化的重要标志，越来越成为支撑与引领经济社会发展的重要动力，而文化服务业作为现代服务业的重要组成部分，其高质量发展有助于推动文化产业高质量发展。

2. 文化服务业的特征

（1）双效性。文化服务企业生产文化产品与服务。该产品与服务作为一种特殊的商品，具有商品属性与文化属性，因此需要文化企业既要有经济效益又要有社会效益。与一般的企业一样，文化产品与服务要满足人们的某种需求，具备使用价值，因而具有商品的基本属性。文化服务企业遵从市场规律，其文化产品与服务在满足人们需求过程中实现产品利润最大化。只有利润不断增加，企业才能不断提升其投入、产出，进而持续保持企业竞争力。从这层意义上讲，文化企业要持续保持竞争力，必须以一定的经济效益为前提。如果文化企业不注重经济效益，不关注产品利润，文化企业就必然会亏损，减少产量，无法保持企业竞争力甚至退出市场。追求经济效益是文化企业赖以生存之道。

然而，文化企业不同于一般企业，其产品与服务具有文化属性。文化产品与服务除具有商品的基本属性外，还是人们思想、观念的载体。通过文化产品与服务的消费，可以有效传播国家的社会价值理念、审美标准、民族精神、传统美德，展示国家形象、民族文化等。从这层意义上讲，文化企业的发展对国家意识形态有直接、重要的影响。文化服务企业需要通过文化产品与服务弘扬中国文化、讲好中国故事，增强人们的文化自信，维护国家文化安全，以获取企业的社会效益。如果文化服务企业不注重产品的社会效益、不反映主流价值观，致使文化产品取向背离时代精神与民族精神，产品的价值观将很难被消费者认可，会导致该产品缺乏竞争力，进而使企业缺乏竞争力。

（2）创意性。文化产品与服务的核心是内容，人们对文化产品与服务的使用价值就在于其独特的文化体验，内容相同的文化产品对消费者而言几乎没有使用价值，也就没有市场。因而，这就决定了文化产品内容要具有创意性。所以，一些国家把文化产业叫作创意产业，正是体现了文化内容的创意性这一重要特征。这一特征也把文化企业同一般物质生产企业区别开来。一般物质产品的生产企业，可以通过大量重复生产来扩大生产规模，其产品可标准化生产。而文化产品则需要符合不可重复、不可替代的原则来生产，即使文化产品在刻画同一主题时，生产者也需要通过创意使文化产品独具特色，与众不同。可以说，文化产品的生命力就在于其创意性。因此，文化企业需要根据时代特征与消费者偏好，将创意融入产品的内容中，产生出新颖的、独特的、人们喜闻乐见的、具有时代感的文化产品与服务。

（3）外部性。外部性是经济主体（包括厂商或个人）的经济活动对他人和社会造成的非市场化的影响，可分为正外部性和负外部性。正外部性是某个经济行为个体的活动使他人或社会受益，而受益者无须花费代价；负外部性是某个经济行为个体的活动使他人或社会受损，而造成外部不经济的人却没有为此承担成本。鉴于文化产品属于精神性产品，具有社会意识形态属性，人们在消费优秀的、有价值的文化产品与服务时，不仅会给消费者自身带来精神愉悦，同时也是对先进思想、公民道德、民族精神等的传播，有利于社会成员提升文化素养、培养高尚的道德情操，增加民族文化的认同感以及增强文化自信等，进而有利于社会的稳定，从而产生正的外部性。而低俗、迷信、违背核心价值观的文化产品在误导消费者、损害其精神世界的同时，也会败坏社会风气，造成负的外部性。

3. 高质量发展背景下文化服务企业动态能力要求的特殊性

从文化服务企业的特征可以看出，文化服务企业作为特殊企业，其产品更具外部性与创意性。这就要求文化服务企业除要具有经济效益，还需具有社会效益。为此，作为特殊企业的文化服务企业，其动态能力存在特殊要求。

（1）有利于提升文化服务企业的综合绩效能力。综合绩效体现在三方面。文化企业作为自负盈亏的企业，要求较高的经济绩效。不仅要有良好的短期经济绩效，如盈利能力，还需具有长期的经济绩效，如成长能力。同时还要有良好的社会效益，主要体现在社会责任履行与社会贡献方面。社会责任履行情况主要从利益相关者考虑，最大限度地间接促进经济绩效、直接或间接促进环境保护与社会进步，促进社会文明。此外，还需要从投入与产出考虑，以较高的生产效率进行生产。因此，文化服务企业在培育自己的动态能力时，更需要在考核企业绩效时，综合考虑企业的经济效益与社会效益，以此促进文化服务企业经济效益与社会效益平衡发展。

（2）有利于提升文化服务企业的创新能力。正如上面提到的，文化服务企业主要是内容生产，需要按照不可重复、不可替代的原则来生产内容。这就要求文化服务企业更要具有创新能力。创新能力是文化服务企业发展之根本。企业创新能力的强弱，是判断文化服务企业构建的动态能力是否有让企业保持竞争优势的主要标准。

（3）有利于提升文化服务企业的适应能力。当前，随着我国生活水平的提高，人们越来越多地关注精神方面的需求。以前由于文化产品的缺乏，关注的是够不够的问题，而现在关注的更重要的是好不好的问题，对文化内容的品位和偏好不断发生变化。因而，文化服务企业要根据市场的变化不断地调整产品内容和形式，以符合文化市场的需求，保持自身的竞争优势。

# 二、高质量发展背景下文化服务企业动态能力的指标体系构建

## （一）高质量发展背景下企业动态能力结构维度的理论分析

企业作为"质量变革、效率变革、动力变革"的承担者，其高质量发展不应该遵循要素思维，需要基于企业的产品质量、生产效率和动力等从整体、长远上认识企业高质量发展。文化服务企业高质量发展的关键在于需要具备相应的企业动态能力。下面

基于高质量发展的"三维"变革与企业动态能力的关系展开分析：

1. 创新能力与动力变革

近年来，我国相继出台《国家创新驱动发展战略纲要》一系列顶层政策文件，我国已经进入创新驱动发展阶段。根据迈克尔·波特的创新驱动理论，该阶段的主要动力是创新能力与水平。因此，企业要实现高质量发展，其动力变革主要来自企业创新能力，创新能力是企业获取持续竞争优势的关键。

2. 资源整合能力与效率变革

经济效率即在一定投入和技术条件下，如果对经济资源进行了能带来最大可能满足程度的利用，那么就称经济运行是"有效率的"。将经济效率概念适用于企业，可以得出，企业效率是指在市场经济条件下企业对经济资源的有效配置。由此推断，企业效率变革的目的就是将资源利用到最大程度。早期基础资源观认为，企业的竞争优势在于拥有稀缺、独一无二不可模仿的资源。但随着企业竞争环境压力的加剧，企业还需要依据外部环境来重构其基础资源。这种资源既包括外部资源，也包括企业内部资源，企业需要对这些资源进行整合（董保宝等，2011）。只有企业拥有了这种资源整合能力，才能够保证企业对资源利用的最大程度，促进企业成长（Wu 等，2010）。企业还需要根据变化的环境来调整和更新自己的资源组合（Teece 等，1997）。也就是说，整合过的资源具有时效性，当外部环境发生变化，这种资源将面临失效（Eisenhardt 和 Martin，2000），因此，Teece 等（1997）认为，在模糊以及不可预测的市场环境中，企业"整合、构建、重新配置其内外部资源的能力是企业持续竞争优势的来源"。效率变革就是提升资源整合能力，从而提升资本、劳动等单要素生产率和全要素生产率。

3. 适应能力与质量变革

质量变革是高质量发展的最终目标。具体到企业上，首先，质量变革就是产品质量变革，企业需要提供高质量的产品和服务。高质量的评价标准并非是符合标准质量，而是需要企业根据市场变化，不断改善产品和服务，拓展新的产品与服务以满足人们日益增长的美好生活的需求。同时，对产品升级，提升产品内在价值，增加产品附加值。其次，随着我国由工业文明进入生态文明阶段，生态环境是企业发展的重要约束条件。绿色发展是企业质量变革的方向，企业应向低污染、低排放转变。最后，质量变革还涉及企业目标、制度、发展理念等全方位的变革。综上，质量变革强调企业要根据具体环境的变化（如人们需求变化、发展理念变化、产品与服务内容的变化等），及时、有效地对资源和（或）流程进行重新配置，产生出满足人们需求的产品。这就需要企业具备及时、有效地对资源和（或）流程进行重新配置以应对环境快速变化的能力（Wang 和 Ahmed，2007），即企业要具备适应能力。

因此，高质量发展背景下企业动态能力是在变化环境中企业通过创新、整合与重构资源，持续高效提供高质量产品与服务，获取长期竞争优势的动态能力。它可以从创新能力、资源整合能力与适应能力三个维度构建。

## （二）文化服务企业动态能力的指标体系构建

为了深入了解质量变革、效率变革与动力变革下文化服务企业相应的动态能力水平，根据文化服务企业高质量发展的内涵及其对动态能力的要求，遵循评价指标体系构建的系统性、科学性、动态性、数据可获取性四大原则，从文化服务企业动态能力的创新能力、资源整合能力与适应能力三个维度出发，构建含有研发投入强度、研发人员比例、软件著作权数等 9 个二级指标在内的动态能力评价指标体系（见表 3.2）。

表 3.2　文化服务企业动态能力评价指标体系

| 目标层 | 准则层 | 指标层 | 相关文献 |
|---|---|---|---|
| 文化服务企业动态能力 | 创新能力（0.7589） | 研发投入强度（0.0542） | 杨林等（2020）赵凤等（2016）姜滨滨和匡海波（2015） |
| | | 研发人员比例（0.0470） | |
| | | 软件著作权数（0.3470） | |
| | | 发明专利授权数（0.3107） | |
| | 资源整合能力（0.0215） | 劳动生产率（0.0005） | Lavie（2006）Jeffrey 和 David（2009） |
| | | 资本产出率（0.0210） | |
| | 适应能力（0.2196） | 研发的变异系数（0.1834） | 杨林等（2020）赵凤等（2016） |
| | | 资本的变异系数（0.0194） | |
| | | 广告的变异系数（0.0168） | |

1. 创新能力维度

借鉴杨林等（2020）、赵凤等（2016）、姜滨滨和匡海波（2015）的方法，采用样本公司创新投入与产出来衡量。投入部分用研发投入强度和研发人员比例衡量，其中研发投入强度＝研发投入/产品销售收入，研发人员比例＝研发人员/员工数；创新产出部分用软件著作权数和发明专利授权数来衡量。

2. 资源整合能力维度

借鉴 Lavie（2006）采用样本公司运转效率、劳动生产率和资本产出效率来衡量资源整合能力，其中劳动生产率＝企业增加值/员工数，资本产出率＝总收入/总资本。

### 3. 适应能力维度

借鉴杨林等（2020）、赵凤等（2016）采用样本公司年度研发、资本以及广告三种主要支出的变异系数来反映企业资源配置的灵活程度，进而测量企业的适应能力。

## 三、数据与方法

### （一）数据来源

本书采用中国证监会行业分类标准，选择2013～2019年文化服务企业上市公司作为研究对象。之所以选择这个时间窗口，主要是因为随着文化体制改革的深入，文化产业成为各地新的经济增长点，文化企业因改制焕发出新的生机和活力。同时，由于信息技术快速迭代以及国际形势的复杂多变，使得文化服务企业所面临的环境更具复杂性和多变性，这种动态变化的环境为本书实证研究提供了匹配的研究情景。本书通过国泰安数据库获取上市公司完整名单，参照《文化及相关产业分类（2018）》筛选企业的行业分类，选择与文化相关的主营业务收入超过50%的企业，得到一个非平衡面板数据。为确保样本的科学性、合理性、有效性，剔除ST、*ST及PT类公司、被证监会暂停上市的公司以及因其他状况存在明显异常值的问题公司。2013～2019年的有效样本数量分别为82家、87家、99家、108家、122家、122家、125家，总共745家。文化服务企业提供的数据主要来源于国泰安数据库，并对文化服务企业上市公司年报和附注信息等数据进行提取整理，得到研究的基础数据，采用 Stata16 软件对数据进行处理与分析。

## （二）研究方法

### 1. 指标权重计算

指标权重的确定有主观赋权法和客观赋权法。主观赋权法依赖主观判断，缺乏客观性。本书采用客观赋权法中的熵值法，能够客观准确地评价研究对象。基于面板数据，为了能够实现不同年份之间的比较，在熵值法中引入时间变量，使得分析结果更加合理化。具体步骤如下：

（1）指标选取。设有 $r$ 个年份，$n$ 个文化服务企业上市公司，$m$ 个指标，则 $x_{it}^j$ 为第 $t$ 年上市公司 $i$ 的第 $j$ 个指标值。

（2）指标标准化处理。不同的指标具有不同的量纲和单位，需要进行标准化处理。正向指标标准化如下：

$$(x_{it}^j)' = \frac{(x_{it}^j - \min x^j)}{(\max x^j - \min x^j)} \tag{3.1}$$

负向指标标准化如下：

$$(x_{it}^j)' = \frac{(\max x^j - x_{it}^j)}{(\max x^j - \min x^j)} \tag{3.2}$$

式中，$\min x^j$ 表示第 $j$ 项指标中的最小值，$\max x^j$ 表示第 $j$ 项指标中的最大值，$(x_{it}^j)'$ 表示标准化后的第 $t$ 年上市公司 $i$ 的第 $j$ 个指标值。

（3）确定指标权重如下：

$$y_{it}^j = \frac{(x_{it}^j)'}{\sum_t \sum_i (x_{it}^j)'} \tag{3.3}$$

（4）计算第 $j$ 项指标的熵值。如下：

$$e_j = -k \sum_t \sum_i y_{it}^j \ln (y_{it}^j) \tag{3.4}$$

其中，$k = 1/\ln (rn)$。

（5）计算第 $j$ 项指标的信息效用。如下：

$$g_j = 1 - e_j \tag{3.5}$$

（6）计算各指标的权重。如下：

$$\omega_j = \frac{g_j}{\sum_j g_j} \tag{3.6}$$

（7）计算单项指数得分。如下：

$$z_{it}^j = \omega_j (x_{it}^j)' \tag{3.7}$$

（8）计算综合指数得分。如下：

$$Z_{it} = \sum_j (z_{it}^j) \tag{3.8}$$

2. TOPSIS 评价模型

TOPSIS 法的基本原理是通过检测评价对象与最优解、最劣解的距离来进行排序，若评价对象最靠近最优解同时又最远离最劣解，则为最好，否则为劣，但是传统的 TOPSIS 计算模型主观性较强，本书结合熵权法对各评价指标进行赋权，利用加权改进的 TOPSIS 模型在一定程度上能够避免主观因素引起的误差结果分析。TOPSIS 评价模型兼具整体评价和局部评价的优点，能客观地对多指标情况下各方案进行综合性评价，充分体现各高质量发展背景下动态能力评价指标的实际情况，进而充分反映文化服务企业动态能力发展水平。

（1）构建加权规范化决策矩阵。由于有 $r$ 年 $n$ 个上市公司，因此汇成一个样本数为 $nr$，指标数为 $m$ 的矩阵，如下：

$$V = (v_{it}^j)_{m \times nr} = (\omega_j (x_{it}^j)')_{m \times nr} \tag{3.9}$$

（2）正负理想解的确定。在加权规范化决策矩阵中分别找到各个指标的最大值与最小值，构成正、负理想解 $V^+$、$V^-$ 如下：

$$V^+ = (\max v_{it}^1,\ \max v_{it}^2,\ \cdots,\ \max v_{it}^m) \tag{3.10}$$

$$V^- = (\min v_{it}^1,\ \min v_{it}^2,\ \cdots,\ \min v_{it}^m) \tag{3.11}$$

（3）计算企业到正、负理想解之间的欧式距离。如下：

$$D_{it}^+ = \left(\sum_j (v_{it}^j - v_j^+)^2\right)^{\frac{1}{2}} \tag{3.12}$$

$$D_{it}^- = \left(\sum_j (v_{it}^j - v_j^-)^2\right)^{\frac{1}{2}} \tag{3.13}$$

（4）计算相对贴近度。相对贴近度 $B_{it}$ 为第 $t$ 年第 $i$ 个企业高质量发展水平的评价值，在 ［0，1］ 取值，越靠近 1 表示企业高质量发展能力越高。如下：

$$B_{it} = \frac{D_{it}^-}{(D_{it}^+ + D_{it}^-)} \tag{3.14}$$

3. 障碍度模型

障碍度模型如下：

$$o_{it}^j = \frac{\omega_j \times u_{it}^j}{\sum_j (\omega_j u_{it}^j)} \tag{3.15}$$

式中，$\omega_j$ 为因子贡献度，表示单项因素对总目标的权重，即单项指标的权重；$u_{it}^j$ 为指标偏离度，表示单因素指标与企业高质量发展能力目标之间的差距，设为单项指标标准化值与 100% 之差，即 $u_{it}^j = 1 - (x_{it}^j)'$；$o_{it}^j$ 为单项指标的障碍度，表示指标因素对企业高质量发展能力的影响程度。

在各单项指标障碍度的基础上，可计算出该目标层下各单项指标障碍度的得分之和，即各目标层的障碍度评价得分。$O_{it}$ 表示各能力维度对企业高质量发展能力的阻碍程度。其表达式如下：

$$O_{it} = \sum o_{it}^j \tag{3.16}$$

# 四、动态能力的测度与评价结果

## （一）文化服务企业动态能力指数的动态演变

从图 3.1 中可以看出，2013~2019 年，动态能力指数除 2019 年呈现小幅下降外，其他年份呈逐年递增趋势。从动态能力的三个维度看，适应能力指数与整合能力指数几乎处于停滞状态；创新能力指数除 2019 年呈现小幅下降外，其他年份处于逐步递增状态。创新能力指数与动态能力趋势几乎一致，是因为创新能力指数权重在整个指标体系中所占权重达到了 0.7589。总体而言，我国现阶段文化服务企业动态能力发展水平还不高，急需通过质量变革、效率变革以及动力变革来提升其创新能力、整合能力以

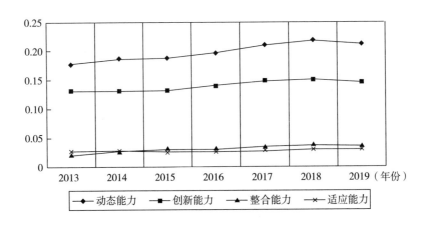

图 3.1　文化服务企业动态能力指数趋势

及适应能力。基于创新能力在动态能力提升中起到了关键性作用，因此，文化服务企业高质量发展尤其是要提升企业的创新能力。

## （二）文化服务企业动态能力的评价

为了更好地评价我国文化服务企业动态能力的水平，我们采用 TOPSIS 评价模型来对文化服务企业动态能力水平进行分析，该评价模型能客观地对多指标情况下各方案进行综合性评价，充分体现了企业综合动态能力水平。基于以往研究文献的结论，结合文化服务企业的实际情况，将贴近度分为 5 个等级，来用于确定动态能力评价标准（见表 3.3）。

表 3.3　动态能力的评价标准

| 贴近度 | [0, 0.2] | (0.2, 0.4] | (0.4, 0.6] | (0.6, 0.8] | (0.8, 1] |
|---|---|---|---|---|---|
| 评价等级 | 低级 | 较低 | 中级 | 较高 | 高级 |

参照动态能力评价标准，结合图 3.2 可以看出，我国文化服务企业的动态能力水平还处于中等水平，尽管 2013～2018 年动态能力水平有所提升，但是增速缓慢，并且到了 2019 年文化服务

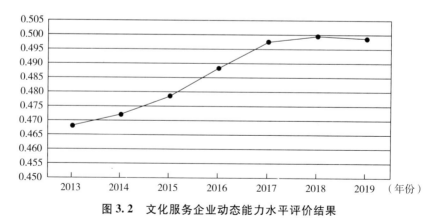

图 3.2　文化服务企业动态能力水平评价结果

企业动态能力贴近度不升反降。这表明文化服务企业高质量发展"三维"变革所依赖的动态能力水平还不高，需要通过提升文化服务企业的动态能力，促进其高质量发展。

## （三）文化服务企业动态能力的障碍度分析

### 1. 指标层障碍度分析

表3.4列示了动态能力障碍因素因子障碍度。

表 3. 4　动态能力障碍因素因子障碍度

| 准则层 | 障碍因子 | 2013 年 | 2014 年 | 2015 年 | 2016 年 | 2017 年 | 2018 年 | 2019 年 |
|---|---|---|---|---|---|---|---|---|
| 创新能力 | 研发投入强度 | 0.0523 | 0.0524 | 0.0512 | 0.0515 | 0.0515 | 0.0509 | 0.0509 |
| | 研发人员比例 | 0.0415 | 0.041 | 0.0401 | 0.0396 | 0.0383 | 0.0367 | 0.0376 |
| | 软件著作权数 | 0.3585 | 0.3554 | 0.3613 | 0.3579 | 0.3604 | 0.3616 | 0.3596 |
| | 发明专利授权数 | 0.318 | 0.3219 | 0.3192 | 0.3228 | 0.3209 | 0.3236 | 0.3227 |
| 整合能力 | 劳动生产率 | 0.0002 | 0.0002 | 0.0002 | 0.0003 | 0.0002 | 0.0002 | 0.0002 |
| | 资本产出率 | 0.0181 | 0.0186 | 0.0185 | 0.0189 | 0.019 | 0.0186 | 0.0188 |
| 适应能力 | 研发的变异系数 | 0.1854 | 0.1848 | 0.1833 | 0.1834 | 0.1839 | 0.1828 | 0.1835 |
| | 资本的变异系数 | 0.0155 | 0.0154 | 0.0153 | 0.0153 | 0.0152 | 0.0152 | 0.0153 |
| | 广告的变异系数 | 0.0103 | 0.0103 | 0.0103 | 0.0103 | 0.0102 | 0.0103 | 0.0102 |

从创新能力指标因子障碍度来看，研发人员与研发投入强度障碍度较低，表明文化服务企业已经认识到创新的重要性，对企业创新进行了资金与人员的投入，但是效果却不明显，主要体现在创新的产出上，即软件著作权数与发明专利授权数较少，这是企业创新能力的主要障碍因素。

从整合能力指标因子障碍度来看，资本产出率与劳动产出率障碍度较低，表明文化服务企业受此约束较小。

从适应能力指标因子障碍度来看，资本的变异系数与广告的变异系数障碍度小，但是研发的变异系数障碍度较高，说明文化服务企业在资本与广告的投放上适应能力强，能够根据市场变化很快调整自己，让自己快速地适应市场变化。但是研发的投入却反应不迅速，不能跟上市场需求。

从所有指标因子障碍度来看，软件著作权数、发明专利授权数以及研发的变异系数障碍度排在前三位，说明创新是文化服务企业高质量发展的关键。

2. 准则层障碍度

图3.3展示了文化服务企业动态能力准则层障碍度变化情况。从准则层障碍度来看，创新能力的障碍度约为77%，且2013～2019年都没有改善，显著大于适应能力与整合能力的障碍度。适应能力障碍度达到了20%左右，显著大于整合能力的2%左右，表明文化服务企业在动态多变的环境中也要增强自身的适应能力。因此，未来文化服务企业在高质量发展进程中应该把创新能力的培育放在第一位，同时增强文化服务企业适应市场与环境变化的能力，以此促进文化服务企业高质量发展。

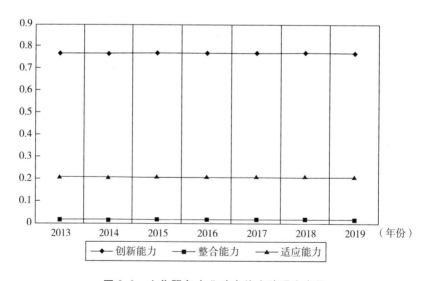

图3.3 文化服务企业动态能力障碍度变化

# 五、本章小结

本章对文化服务企业动态能力的结构维度以及动态能力进行了理论与实证分析。主要从研究目标、理论推导、指标体系构建、研究方法与研究结果五个方面进行阐述。研究发现：

第一，文化服务企业动态能力由创新能力、整合能力与适应能力三个维度构成。2013～2019年动态能力指数总体平稳，在2013～2018年缓慢增长，2019年略微下降。在准则层中，创新能力权重最大，达到0.7589，走势基本与动态能力指数走势一致。整合能力与适应能力在此期间变化平稳。

第二，通过TOPSIS方法对文化服务企业动态能力水平进行评价，其能力水平属于中等，能力水平还有待进一步提升。

第三，通过障碍度分析，文化服务企业动态能力水平不高的原因主要在于企业创新能力不足，而导致创新能力不足的根源在于创新产出低。因此，提高创新能力的产出效率是文化服务企业高质量发展的关键所在。

# 第四章

# 文化服务企业动态能力功效的实证研究

第三章基于"三维变革"构建了动态能力，并利用文化服务企业数据实证分析了其动态能力。那么，这种动态能力的功效如何？具体而言，文化服务企业动态能力对企业经济效益和社会效益的影响效果如何？它是通过何种机制来影响企业经济效益与社会效益？鉴于文化服务企业的特殊性，其高质量发展的一个特征就在于经济效益与社会效益有机统一，本章还考察了动态能力对经济效益与社会效益的协调度的影响。本书的目标在于：

（1）从三个维度来考察动态能力的功效：一方面，实证分析动态能力对企业经济效益与社会效益的影响；另一方面，分析其对经济效益与社会效益耦合协调度的影响，以此分析动态能力对企业经济效益与社会效益协调发展的影响。弥补已有研究只注重动态能力对企业经济效益的影响。

（2）从动态能力的适应能力、创新能力与整合能力三个维度来探究它们各自影响企业经济效益、社会效益及双效协调度的效果与机制。效果方面，分析各维度动态能力对企业经济效益与社会效益影响的差异性，以便提出具有操作性的建议。影响机制方面，分析动态能力与企业效益之间的中介效应，以便更深刻地理解动态能力对企业效益的影响。此外，通过调节变量来提升动态能力在企业效益中的作用。

# 一、理论分析与研究假设

## （一）理论模型的总体构思

文化服务企业高质量发展是满足人们精神文化需求，保障人民文化权益的基本途径。因此，在衡量文化服务企业发展质量和水平时，不仅要看经济效益，更要看文化服务企业能不能提供更多既能满足人民文化需求，又能增强人民精神力量的文化产品。这就要求文化服务企业的经济效益与社会效益相互统一。

经济效益与社会效益的相互统一，应该是建立在经济效益与社会效益充分发展的基础上，没有经济效益与社会效益的充分发展，即使两者统一也是一种低效的统一，这并非是我们愿意看到的。而动态能力通过获取、整合、重构企业内外部资源，构造适应新环境的能力，并开展企业的创新行为，促进企业开发潜在市场、打破技术壁垒、完善企业内部体制与信息化的结合，提升企业面对突变的反应速度，从而使企业在竞争中保持竞争优势，以提升企业的经济效益。近年来，国内外学者已经对动态能力与企业经济效益之间的关系进行了大量的实证分析（刘美芬和胡安洪，2020），虽然所选取的动态能力维度各有侧重，且相同的动态能力维度对处在不同行业环境下的企业影响也各不相同（Jantunen 和 Euonen，2012；Girod 和 Whittington，2017），但从总体来看，都得出了动态能力对企业经济效益具有积极促进作用的结论。众多专家学者通过实证研究也证明了动态能力对于企业效益的贡献（Makkonen 等，2013；曹红军和赵剑波，2008；郭海和韩佳平，2019）。

企业作为社会中的一员，面对公众及政府对企业负责任行为和创新伦理性的高度关注，企业会顺应负责任创新潮流，在生产经营实践（创新产品、生产流程、标准或服务）中嵌入负责任创新理念。企业行为符合社会期待时，能够增加其在社会环境中存在的合法性。企业行为是否满足和反映了社会目标和要求，除企业对于社会目标和要求有较强的认知外，还取决于企业的核心价值观与社会价值观的一致性，当这两者出现不一致时，社会环境会增加对企业合法性的压力。这时就需要企业对自身价值观进行调整更新，更好地适应社会的要求。企业动态能力就是能够根据变化的环境及时更新调整企业思路，同时变革、创造和实施新想法、新意识，以便适应动态变化环境要求的能力（Renzo 等，2016；范黎波和杨震宁，2012）。这种能力可以通过在企业内部形成一种具有系统整合性和动态性为特点的创新机制，帮助企业重构核心价值观（Marne 和 Arthaud，2005；乔咏波和龙静云，2019）。并且当企业面临的社会环境变化，引起相应的社会价值观发生改变时，动态能力使企业通过融入组织常规运营的程序、流程，来为企业形成适应环境新要求的组织价值观提供组织支持。在这个过程中，通过一些具体行动，能够帮助内部成员更好地理解组织价值观的变化和更新（马俊和林珈忻，2019）。

因此，在社会要求文化服务企业经济效益与社会效益相互统一时，动态能力就需要构建适应新环境的能力，以追求经济效益与社会效益平衡发展。因此，本章从动态能力对企业经济效益、企业社会效益以及企业经济效益与社会效益协调发展三个方面的影响来考察它的功效。本章的概念模型如图 4.1 所示。

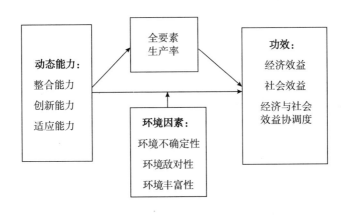

图 4.1　企业动态能力功效的概念模型

## （二）动态能力与企业经济效益的关系

企业动态能力主要分为创新能力、整合能力以及适应能力。从第三章的分析中可以知道，动态能力与企业经济效益之间存在着良性互动的作用机制。下面分别从企业动态能力的三个维度来阐述其对企业效益的影响。

企业创新能力是企业动态能力的重要组成部分（彭雪蓉和刘洋，2015）及企业效益的重要影响因素（韩林静，2017）。创新能力强的企业可以整合创新内外部的异质性资源，将潜在的机会转化为实际的需求，创造不同的产品、技术和服务，以此来推动企业的创新，进而提高企业的经济效益（Giniuniene 和 Jurksiene，2015；孙慧和张双兰，2018；李江涛等，2020）。大部分学者在动态能力与企业经济效益的研究中发现，创新能力会对企业经济效益产生积极的正向影响，原因在于它有助于企业开发新产品和新技术，进而提升企业的经济效益（邵闪闪，2018）。在当前激烈的竞争环境中，企业需要以非常快的速度来开发新的产品，抢占新市场，那么积极创新是关键。因为创新能力可以使企业获得难以模仿的有价值的资源，使技术等资源得到提升，从而提升企业竞争力（Li 等，2019）。

企业内新旧资源整合重构的能力是企业动态能力的重要组成部分之一，且对企业竞争力的提升有正向的作用。在最开始时，学者一致认为企业动态能力能够使企业及时应对外部环境的变化，对市场、客户进行科学的选择，以适应环境的新要求，识别新的市场机会，结合内部资源现状迅速做出反应和资源配置，及时统筹并调整公司的发展，从而建构新的市场竞争力，以维持在市场中的长期竞争优势（O'Reilly 和 Tushman，2008；Giniuniene 和 Jurksiene，2015）。提升资源整合能力对提升企业价值有正向影响，且企业的资源整合能力与企业经济效率呈正相关的关系（Zheng 等，2011；董保宝和葛宝山，2011）。因此，企业资源整合重构能力可以使得企业通过市场洞察和客户反馈来感知市场环境的变化，从而对市场相关资源进行分配和整合，更快速有效地研发新工艺、开发新产品、改进流程，使得企业在经济效益上有更好的表现。

Teece 等（1997）较早地认为动态能力就是企业为了适应环境变化而改变的能力。适应能力主要表现为企业在多大程度上调整组织结构、管理制度等内部要素以适应其外部多变的环境，企业强有力的适应能力表现为组织在决策上的前瞻性和连续性，以及其获取资源的有效性（杨秀芝和李柏洲，2007；王玲玲和赵文红，2017）。在现阶段下，动态能力不仅可以帮助企业提高其产品和服务的质量，以便更快速地适应瞬息万变的市场变化，而且可以更好地促使企业优化其资源配置，增强其企业的市场竞争力，提升企业的经济效益。动态能力也可以通过感知机会和资源重构，增强企业应对复杂动态环境的反应速度和适应能力，通过快速有效地采取合理的解决措施使得企业在提高自身效益的同时获取其成长潜力。企业适应能力能提高企业对动态环境的敏感度，帮助企业及时根据实际情况来调整以此来适应当前的环境变化（Eisenhardt 和 Martin，2000），维护其当前的市场地位，进而持续提高企业的经济效益。

基于以上理论分析，提出如下假设：

H1：企业动态能力与企业经济效益呈显著正相关关系。具体而言，企业创新能力（H1.1）、资源整合重构能力（H1.2）与企业适应能力（H1.3）对企业经济效益有显著的正向影响。

## （三）动态能力与企业社会效益的关系

企业社会责任要求企业在追求利润最大化的同时应承担相应的责任义务，满足利益相关者的要求，为社会带来利益，实现企业可持续发展，而动态能力能够为企业提供实现企业社会责任的条件。企业实际上是"经济道德人"。亚当·斯密在《国富论》中提到，每一个人都努力使其生产物的价值达到最高程度。他追求自己的利益，往往使他能比在真正出于本意的情况下更有效地促进社会的利益。企业创新能力能够让企业实现相对应的创新成果，这些创新成果在为企业带来经济效益的同时还可以减轻一部分相关的社会问题。例如，英国石油公司更新石油开采技术，实现了在增加开采收益的同时减少了二氧化碳的排放。这对于企业而言就是社会责任的履行。另外，根据负责任创新理论，社会行动者和创新者应彼此负责，让创新得以满足伦理上的可接受、可持续发展及社会的期望。例如，"既要金山银山，也要绿水青山"等政策理念就与负责任创新理论相合。在当前重视创新的社会伦理可接受性及可持续发展的背景下，企业面临更多的社会责任与道德的约束，且越是具有高创新能力从而获得更高收益和社会地位的企业越会受到更多的关注，也会更懂得要以负责任创新的理念进行实际经营活动。因此，具有较强创新能力的企业往往会主动选择运用创新能力解决社会问题，以更好地履行社会责任，为社会带来便利，从而维持其竞争优势。例如，阿里巴巴就运用其优势大数据、云计算等技术帮助政府建设新型数字化政务平台，提升政府服务水平，让民众获得便利。

企业的资源整合重构能力指企业对各类不同资源选择、配置、融合并重构，形成具有较强系统性、价值性资源体系的能力。作为企业维持竞争优势的能力，当企业拥有较好的资源整合重构能力时，代表着企业全面、充分地了解其内部的业务组织方式，懂得在面对社会责任要求时应该如何有效配置资源，发挥其资源的使用效能，从而更好地实现企业社会责任。同时，提升企业社会责任需要有较强的感知能力，发现环境的变化和当下对企业社会责任的要求，这样的感知能力可能就需要及时与消费者、股东等利益相关者建立新的沟通渠道，此时，良好的资源整合重构能力就能帮助企业更新信息共享方式，畅通沟通渠道，从而实现企业社会责任有效履行。

企业的适应能力帮助企业识别新兴机会或威胁，在瞬息万变的商业社会中制定和实施与内外部环境契合的战略，从而提高企业社会责任的管理水平。强适应能力让企业对环境的变化和需求有准确的认知，了解利益相关者需要履行社会责任的具体要求，并且有能力做出有效的实际行动。在相同背景条件下，主动进行社会责任行为的企业往往会获得更多正面评价，这有利于企业的经营。因此，强适应能力让企业对其需要履行的社会责任有清楚的认知后，形成积极态度应对社会责任，有的放矢，主动采取行动，履行对应的企业社会责任。例如，在 2020 年初的新冠肺炎疫情防控期间，车企通用五菱打出"人民需要什么，五菱就造什么"的口号，跨界生产口罩，研发、生产自动口罩制造机等，为缓解防疫物资紧张贡献了力量，被主流媒体多次报道并评为"2020 年度最具社会责任车企"，获得了民众的认可。强适应能力还表现在环境变化后，以适应能力为支撑，企业自身能够及时作出调整与改变，如形成符合新环境要求的、正确的组织价值观。这样的组织价值观可以引导企业形成正面的社会责任态度，合理履行社会责任。对外可以表现为对消费者负责，提供优质的产品与服务，对社会环境负责，积极参与爱心捐助、自然环境保护等公益事业，提供大量就业岗位，对内可以表现为对职工负责，提供良好的工作环境、合理用工。综合而言，企业的适应能力让企业形成积极的态度对待社会责任并采取行动，同时对自身做出相应的改变，两方面共同作用，推动企业社会责任履行水平的提升。

基于以上理论分析，提出如下假设：

H2：企业动态能力与企业社会效益呈显著正相关关系。具体而言，企业创新能力（H2.1）、企业整合能力（H2.2）与企业适应能力（H2.3）对企业社会效益有显著的正向影响。

## （四）动态能力与企业双效协调度的关系

在文化服务企业经济效益与社会效益关系理论层面，有学者认为社会效益与经济效益各自存在边界、有机统一、相互依存、互为主次。蒋茂凝（2020）以出版企业为例，从意识形态、产业属性、社会属性、价值属性出发，阐述文化企业把社会效益放在首位，社会效益与经济效益有机统一落到实处。在实现文化服务企业双效相统一的路径方面，诸多学者认为应发挥市场在文化资源配置与发展中的基础性作用（杨石华和陶益然，2018）。文化企业是经营方式的市场化，而不是文化内容的市场化，发挥生产主体同消费主体之间的良性互动机制（黄英和王雅林，2009），加强政府监管，以规避文化产业市场失灵（饶世权和刘咏梅，2015），对社会效益好的文化企业进行财政政策与产业政策扶持（戚骥，2018）并构建起"双效"统一发展的机制（蒋茂凝，2020）都有利于推进文化企业实现"双效"统一。

从上面的分析中可以看出，经济效益与社会效益从理论与实现路径上存在平衡发展的可行性，并且"双效"统一也是高质量发展的必然要求。而动态能力从理论上可以提升企业经济效益与社会效益。因此，动态能力可以通过识别出环境中的变化来发现机会，通过整合重构资源，协调平衡好经济效益与社会效益之间的关系。

基于以上理论分析，提出如下假设：

H3：企业动态能力与"双效"协调度之间呈显著正相关关系。具体而言，企业创新能力（H3.1）、企业资源整合能力（H3.2）与企业适应能力（H3.3）对企业"双效"协调度有显著的正向影响。

## （五）动态能力与企业全要素生产率的关系

企业战略管理学者认为，企业必须大力培育自己的动态能力，对现有的资源、技能和能力进行构建、调整、整合和重构以应对全球化、技术进步和创新速度加快对企业发展所带来的挑战（Teece 等，1997）。并有学者将创新视为全要素生产率增长的源泉。Duguet（2006）研究表明，新产品创新对全要素生产率增长有显著影响。Black 和 Lynch（2004）的研究表明，1993~1996年，工作场所创新，如重组、激励、利润分享，提高了美国制造业企业的全要素生产率。诸多学者普遍认为研发投入、技术进步及技术创新等对全要素生产率有着正向的促进作用（何玉梅和罗巧，2018）。

资源整合能力是企业为发展而整合所拥有和获得的资源，重建和重组资源基础的能力。资源不仅可以来自企业内部，也可以来自企业外部，并且必须通过一定的流程进行整合，只有整合的资源才能成为动态能力形成的基础。因此，资源整合过程对企业来说至关重要，资源整合能力是联通资源整合过程与全要素生产率的重要因素。资源整合过程分为资源识别与选取、资源汲取与配置以及资源激活与融合三个方面。资源整合始终处于非常关键的位置，它是创造新资源、提高资源使用效率和效能的前提。因为仅凭已有的资源，企业无法获得持续的竞争优势，因而企业需进行新资源的开发和能力的提升（Penrose，1959）。而资源整合能力是企业通过整合内外部资源来产生新资源，进而使其充分得到运用的能力。这种能力可以将所获取的资源转化为企业或部门独特的优势，从而提高效率。因此，企业资源整合能力对企业全要素生产率有着重要的影响作用。

适应能力是指企业及时、有效地对资源和（或）流程进行重新配置或调整以应对环境快速变化的能力。低水平的适应能力意味着企业只关注内部，不关注外部环境变化。而当一个企业能够显著地"适应、回应和反应"时，它就拥有了适应能力。这是因为适应性能力通过灵活的资源调整、应用和更新（Wang 和 Ahmed，2007；Ambrosini 等，2009），着重实现"有效的搜索和开发策略"（Wang 和 Ahmed，2007）。因此可以认为，适应能力有利于企业对现有的资源基础和流程进行更新和重新配置，有利于及时对环境变化做出反应，进而有助于提升全要素生产率。

基于以上理论分析，提出如下假设：

H4：企业动态能力与企业全要素生产率呈显著正相关关系，具体而言，创新能力（H4.1）、整合能力（H4.2）与适应能力（H4.3）对企业全要素生产率有正向影响。

## （六）企业全要素生产率与企业效益的关系

全要素生产率也被称为索洛剩余，实际上就是通过推动技术进步、提升人力资本、调整优化产业结构等方式，将劳动、资本、土地等要素的利用效率提高。因此，全要素生产率提升的直接体现就是提高企业的生产经营业绩，因而有利于企业经济效益的提升。

全要素生产率的提高涉及企业生产经营的全过程，包括员工、供应商、顾客、政府等利益相关者，而企业社会责任正是对这些利益相关者负责。苏冬蔚和贺星星（2011）基于新制度经济学的视角提出企业社会责任是市场经济条件下利益相关者对企业逐利行为的一种非正式约束制度，引导企业不断通过权衡社会资本的边际收益和社会责任的边际成本以优化内在价值，而全要素生产效率的提高，可以降低社会责任的边际成本，从而增加企业履行社会责任的可能性。此外，企业全要素生产率的提升，会提升企业的财务效益以及长期竞争能力，从而增强企业的融资能力，降低企业面临的融资约束程度，同时更容易从外部获取资源。Chen（2013）使用 2004～2007 年中国上市公司的企业董事面板数据，发现生产率越高的企业更倾向于雇佣拥有更多政治资本的董事。企业对政治资本的偏好有助于加强企业对外部资源获取的依赖。在获取外部资源，如政府补助后，企业可能面临政治成本上升的压力，从而积极响应政府号召，更多回报社会。政治成本等社会压力在政府补贴和企业社会责任之间起到了显著的调节作用，政治关联越强、媒体关注度越高对社会责任的影响更显著。

全要素生产率提升最根本的目标就是要以市场为导向，提供满足人民需求的高品质产品和服务。企业通过高质量产品和服务满足人们需求，提升经济效益的同时，对提高社会福利有促进作用，而企业社会责任观又是以提高社会福利为本质内涵的。因此全要素生产率与"双效"协调度可能存在正相关关系。

由上可知，提升企业全要素生产率是企业高质量发展的重要一环，其带来的外部资源与技术创新会对企业经济效益与社会效益产生显著正向影响。

基于以上理论分析，提出如下假设：

H5：动态能力与企业效益呈显著正相关关系。具体而言，企业全要素生产率对企业经济效益（H5.1）、企业社会效益（H5.2）以及"双效"协调度（H5.3）有显著正向影响。

## （七）企业全要素生产率的中介效应

资源发生变化是动态能力的中间结果，动态能力通过资源变化来达到提升企业效益（Karimi 和 Walter，2015；Protogerou 等，2012）。而全要素生产率则是资源变化的一种体现。企业动态能力在不同时期适应复杂变化的环境，通过整合和重构企业内部与外部资源，获取企业经济效益或社会效益，最终产生与保持持续的竞争优势。在这个过程中，企业全要素生产率是从动态能力至其最终结果链条中的关键因素。企业动态能力主要通过企业创新能力、整合能力以及适应能力的提升来影响组织的全要素生产率，进而影响企业效益。文化服务企业主要是内容生产，需要按照不可重复、不可替代的原则来生产内容。这就要求文化服务企业更要具有创新能力。创新能力较高的企业，表明企业有更多的资源，如研发费用、研发人员能够配置到企业的创新中来，更有效地推进企业的技术进步，进而为提升企业全要素生产率和企业效益的提高打下坚实基础。同时，在企业高质量发展背景下，企业效益的提升不再是通过人力与物力这种粗放型的方式来推动，而是需要通过创新作为动力来提升企业全要素生产率，这就对企业创新能力与全要素生产率提出了必要要求。

较高的资源整合能力，能够具有很强的机会识别能力，并且可以充分利用可获取的企业外部资源与内部资源进行有效的资源配置。通过组织内外的资源整合可以产生新资源，提高企业效率，并且通过充分运用这种能力，将这种能力转化为企业的独特优势，从而提升企业效益，让企业保持持续竞争力。

较强的适应能力表明企业能够迅速地对外部动态变化的环境做出反应，对资源进行更新、配置或重组以适应外部环境的变化，达到企业实现经济效益与社会效益的目的。

基于以上理论分析，提出如下假设：

H6：全要素生产率是企业效益的关键驱动要素，在企业动态能力与企业效益之间起到中介效应。具体而言，全要素生产率在动态能力与企业经济效益（H6.1）、企业社会效益（H6.2）、企业"双效"协调度（H6.3）之间起到中介效应。

## （八）环境因素的调节效应

在深入研究动态能力时，研究者将环境不确定性加入进来（Choi 等，2020；尹一军等，2021；肖鹏和李荣，2020）。环境不确定性是外部环境因素的变化频率和不可预见性。学者的研究证明，环境不确定性在动态能力与企业效益间产生调节效应。主要是因为处于变化中的企业为了迎接复杂外部环境的种种挑战，保持持续的竞争力，必须要主动获取新的知识（Wilden 和 Gudergan，2014）。因此，在快速变化的环境中，动态能力会显著正向影响企业效益。在平稳的市场环境下，频繁的知识学习对企业效益影响的可能性较小，而更倾向于对现有资源的利用，只有在出现较大变化时，才可能出现知识与资源的整合和重构（Mu，2017；Maria 等，2019）。在市场环境不确定性较高时，企业需要强大的整合能力和重构能力来整合新旧资源与能力，从而更好地满足消费者的需求，并且高程度的市场环境不确定性需要企业进行较多的资源活动来保持竞争力（黎朝红和祝志勇，2020）。

环境敌对性与环境宽松性相对立，主要指企业在所处环境中获取资源与机会的困难性与可利用资源的竞争激烈性，也即指市场环境对企业生存与发展的支持程度。过多的竞争主体导致市场竞争激烈，资源供应短缺，政府相关法律法规对竞争主体的约束程度也就加大（俞圆圆，2015）。在高竞争敌对性的情况下，企业将定位于使用防守型战略以应对环境敌对性并为企业内部有限的资金与组织提供支持（冯军政，2013），进一步激励企业在敌对环境中把有限的资金与人力资源进行重组与再分配，并进行特定技术的探索与学习。对有限资源的合理优化配置可以增强企业自身的动态能力，企业也将由此在激烈的市场竞争中占据有利地位，提升企业效益。从政策敌对性方面来看，严格的市场政策如欠发达的产权体系、较高的市场准入条件以及严格的市场监管等迫使企业不得不开展突破性创新或寻找新兴市场（冯军政，2013），关键方法之一在于，企业必须扩大所在市场的地理范围对潜在客户受众做出大量且精准的检索，同时与政府取得一定程度的联结（韩庆兰和闵雨薇，2018），即维护"关系"。相比于顾客消费需求的大幅变动，此时的环境敌对性可能远远超过顾客需求难度（冯军政，2013），因此企业将会通过自身有限的资金与资源对更多潜在客户进行扫描与探索以形成以顾客导向为主的企业创新模式，进一步建立并增强企业与顾客之间良好的关系及关系维护渠道，以此加强企业动态能力提升企业效益的效果。与政府的联结则更是如此，韩庆兰和闵雨薇（2018）研究表明，企业外部环境的友善性越低，敌对性越高，企业越倾向于与政府建立良好的关系以获取更多的资源与机会，通过降低自身对外界环境的敏感度而从事技术研发活动以提升企业动态能力，并以此占领市场，提升企业效益。

资源依赖理论指出，环境丰富性意味着企业外部环境中的资源、需求和市场机会更加丰富，能够缓解行业竞争性。依托丰厚的环境馈赠，企业能以较低的成本获取有利于自身发展和创新所需的资源，减少对外部学习和关系的依赖。此外，在环境丰富性影响下，基于行为默契弱约束关系的合作伙伴更容易识别和利用环境中的创新机会，积累创新所需的资源，更多创意被激发并付诸实践，促成更多的创新行为。因此，环境丰富性对动态能力与企业效益关系具有正向调节作用。

基于以上理论分析，提出如下假设：

H7：环境因素在动态能力与企业经济效益之间具有调节效

应。具体而言，环境不确定性（H7.1）、环境敌对性（H7.2）以及环境丰富性对动态能力（H7.3）与企业经济效益关系具有正向调节作用。

H8：环境因素在动态能力与企业社会效益之间具有调节效应，具体而言，环境不确定性（H8.1）、环境敌对性（H8.2）以及环境丰富性（H8.3）对动态能力与企业社会效益关系具有正向调节作用。

H9：环境因素在动态能力与企业双效协调度之间具有调节效应，具体而言，环境不确定性（H9.1）、环境敌对性（H9.2）以及环境丰富性（H9.3）对动态能力与企业双效协调度关系具有正向调节作用。

# 二、研究方法

## （一）数据来源

本书采用中国证监会行业分类标准，选择 2013~2019 年文化服务企业上市公司作为研究对象。之所以选择这个时间窗口，主要是因为随着文化体制改革的深入，文化产业成为各地新的经济增长点，文化服务企业因改制焕发出新的生机和活力。同时，由于信息技术快速迭代以及国际形势的复杂多变，使得文化服务企业所面临的环境更具复杂性和多变性，从而为本书实证研究提供了匹配的研究情景。本书通过国泰安数据库获取上市公司完整名单，参照《文化及相关产业分类（2018）》筛选企业的行业分类，并选择与文化相关的主营业务收入超过 50% 的企业，得到非平衡面板数据。为确保样本的科学性、合理性、有效性，剔除 ST、*ST 及 PT 类公司、被证监会暂停上市的公司以及因其他状况存在明显异常值的问题公司。自 2013～2019 年的有效样本数量分别为 82 家、87 家、99 家、108 家、122 家、122 家、125 家，总共 745 家。文化服务企业提供的数据主要来源于国泰安数据库，并对文化服务企业上市公司年报和附注信息等数据进行提取整理，得到研究的基础数据，并采用 Stata16 软件对数据进行处理与分析。

## （二）变量测度

1. 因变量

（1）经济效益。采用企业经济效益衡量指标的惯用做法，用净资产收益率作为经济效益的衡量指标。

（2）社会效益。采用社会责任履行对企业社会效益进行衡量，通过和讯网提供的数据进行研究。和讯网是由和讯信息科技有限公司推出的专门从事金融证券资讯服务的平台。其所提供的数据主要来源于深交所和上交所发布的社会责任报告以及年报，分别对股东、员工、供应商、客户和消费者以及环境和社会责任 5 项指标进行测量，是全面评价社会责任的指标。和讯网的综合评分能够更全面、准确地衡量企业的社会责任履行程度，得分越高，说明企业社会责任履行越好。

（3）经济效益与社会效益协调度。经济效益与社会效益协调度借鉴耦合协调度的方法来测度。为此本书构建企业效益综合指标体系，分为经济效益和社会效益两个子系统，并构建指标来测度经济效益与社会效益耦合协调度。企业经济效益除考虑企业短期效益（即财务效益）外，还考虑了长期效益，如托宾 Q 值和营业收入增长率，通过净资产收益率、托宾 Q 值、营业收入增长率构建企业经济效益指标。社会效益除企业的社会责任履行情况外，还拓展了社会贡献内容，把所得税费用和社会捐赠也纳入企业社会效益中来，形成企业社会效益的综合指数（见表4.1）。

表 4.1　文化服务企业综合效益指标体系

| 目标层 | 准则层 | 指标层 | 具体指标 |
|---|---|---|---|
| 企业综合效益 | 经济效益 | 短期效益 | 净资产收益率 |
| | | 长期效益 | 营业收入增长率 |
| | | | 托宾 Q 值 |
| | 社会效益 | 社会责任 | 社会责任履行得分 |
| | | 社会贡献 | 所得税费用 |
| | | | 社会捐赠 |

经济效益与社会效益耦合协调度测度如下：

$$DT=\sqrt{C\times T} \tag{4.1}$$

其中：

$$f(x)=\sum_j \omega_j(x_{it}^j)'$$

$$g(x)=\sum_k \omega_k(x_{it}^k)'$$

式中，$f(x)$ 和 $g(x)$ 为各子系统的评价指数，$\omega$ 为权重，该部分采用熵值法来确定权重，耦合度 $C=\dfrac{2(f(x)g(x))^{\frac{1}{2}}}{(f(x)+g(x))}$，耦合协调发展水平综合评价指数 $T=f(x)+g(x)$。

2. 主要解释变量

动态能力采用第三章测度的动态能力指数以及动态能力的创新能力、整合能力与适应能力三个维度。

### 3. 中介变量

控制函数法是一种常用的全要素生产率估算的方法。该方法通过 Levinsohn 和 Pertin（2009）、Ackerberg 等（2015）进一步完善。

考虑以下 C-D 函数：

$$y_{it} = \alpha + W_{it}\beta + X_{it}\gamma + w_{it} + \varepsilon_{it} \tag{4.2}$$

式中，$y_{it}$ 是产出的对数值；$W_{it}$ 是一系列自由变量，取对数值；$X_{it}$ 是一系列状态变量，取对数值；$w_{it}$ 是观测不到的生产率；$\varepsilon_{it}$ 是一个白噪声冲击。

假设 OP 法和 LP 法的生产率都符合一阶马尔科夫过程。

$$w_{it} = E(w_{it} \mid \Omega_{it-1}) + \xi_{it} = E(w_{it} \mid w_{it-1}) + \xi_{it} = g(w_{it-1}) + \xi_{it} \tag{4.3}$$

式中，$\Omega_{it-1}$ 是决策信息集合，$\xi_{it}$ 是生产率冲击，与生产率和状态变量均无关。

Olley 和 Pakes（1996）首次提出了两步法以克服内生性问题，其核心思想是用投资水平作为生产率的代理变量，并假定企业根据当前企业生产率状况作出投资决策，因此用企业当期投资作为不可观测生产率冲击代理变量，从而解决了同时性偏差问题。

一般来说，状态变量通常是资本，而自由变量通常为劳动。OP 法需要满足投资与生产率之间单调递增。

构建如下投资函数：

$$i_{it} = f(X_{it}, w_{it}) \tag{4.4}$$

其反函数为 $w_{it} = f^{-1}(i_{it}, X_{it}) = h(i_{it}, X_{it})$，原生产函数变为：

$$y_{it} = \alpha + W_{it}\beta + X_{it}\gamma + h(i_{it}, X_{it}) + \varepsilon_{it}$$
$$= \alpha + W_{it}\beta + \Phi_{it}(i_{it}, X_{it}) + \varepsilon_{it} \tag{4.5}$$

其中，$\Phi_{it}(i_{it}, X_{it}) = X_{it}\gamma + h(i_{it}, X_{it}) = X_{it}\gamma + w_{it}$

估计式（4.5）可以得到 $\beta$ 的一致估计。接下来，用此估计值继续估计 $\gamma$。

由式（4.5）和式（4.3）可得：

$$y_{it} - W_{it}\hat{\beta} = \alpha_0 + X_{it}\gamma + w_{it} + \varepsilon_{it}$$
$$= \alpha_0 + X_{it}\gamma + E\ (w_{it} \mid w_{it-1})\ + \xi_{it} + \varepsilon_{it}$$
$$= \alpha_0 + X_{it}\gamma + g\ (w_{it-1})\ + e_{it} \qquad (4.6)$$

其中，$e_{it} = \xi_{it} + \varepsilon_{it}$，$\hat{w}_{it} = \hat{\Phi}_{it} - X_{it}\gamma$，所以得到：

$$y_{it} - W_{it}\hat{\beta} = \alpha_0 + X_{it}\gamma + g(\hat{\Phi}_{it-1} - X_{it-1}\gamma) + e_{it} \qquad (4.7)$$

假设函数 $g$（·）满足随机游走过程，则得到：

$$y_{it} - W_{it}\hat{\beta} = \alpha_0 + (X_{it} - X_{it-1})\gamma + \hat{\Phi}_{it-1} + e_{it} \qquad (4.8)$$

其中，$e_{it} = y_{it} - W_{it}\hat{\beta} - \alpha_0 - X_{it}\gamma^* - g(\hat{\Phi}_{it-1} - X_{it-1}\gamma^*)$。

一旦式（4.8）被估计完成，那么生产函数中所有系数都会被成功估计。利用这一结果，则可以测算生产函数中残差的对数值，即全要素生产率的对数值。

OP 法需要满足投资与生产率之间单调递增，这就意味着那些投资为零的样本不能被估计，而 LP 法对 OP 法进行了改进，其核心思想是不用投资额作为代理变量，而是以中间品为投入指标，但 OP 法和 LP 法都假设企业面对生产率冲击能够对投入进行无成本的即时调整。Ackerberg 等（2015）则认为劳动（自由变量）的系数只有在自由变量和代理变量相互独立的情况下才能得到一致估计，否则，第一步估计系数之间存在严重的共线性。针对此问题，他们提出了修正方法。

为此，本书利用 LP 方法测度的全要素生产率作为基准模型的估计，采用 Wooldridge（2009）对 OP 和 LP 估计方法进行了改进，提出了广义矩估计法（GMM）一步估计法，该方法具有两个优点：一是克服第一步估计中潜在的识别问题；二是在考虑序列相关和异方差的情况下能够得到稳健标准误。因此，采用该方法测度的全要素生产率作为稳健性检验。

4. 调节变量

（1）环境不确定性。借鉴申慧慧等（2012）的做法，来度量环境不确定性。Ghosh 和 Olsen（2009）采用经行业调整后的过去 5 年销售收入的标准差作为企业的环境不确定性。但申慧慧等（2012）认为，过去销售收入的变化有可能是由于企业成长所致，因此，他们运用普通最小二乘方法，分别估计出企业过去 5 年的非正常销售收入：

$$Sale = \alpha_0 + \alpha_1 year + \varepsilon$$

式中，$Sale$ 为销售收入；$year$ 为年度变量，如果观测值是过去第 4 年的，则 $year = 1$；如果观测值是过去第 3 年的，则 $year = 2$；依次类推。该模型的残差则是剔除了企业成长所导致的销售收入后的非正常销售收入，计算出过去 5 年非正常销售收入的标准差，除以过去 5 年销售收入的平均值，从而得到未经行业调整的环境不确定性；同一年度同一行业内所有公司的未经行业调整的环境不确定性的中位数，即为行业环境不确定性。采用 Ghosh 和 Olsen（2009）的方法，各公司未经行业调整的环境不确定性除以行业环境不确定性，即为公司经行业调整后的环境不确定性，也就是本书所采用的环境不确定性。

（2）环境敌对性。基于常用的方法，采用 1-行业内所有样本上市企业占有市场份额的平方和测度环境敌对性。

（3）环境丰富性。基于常用的方法，采用企业过去 5 年平均销售增长率来测度环境丰富性。

5. 控制变量

根据本书研究问题的性质，选取企业规模、企业年龄、企业资本结构、企业股权集中度、企业所有制性质 5 个变量作为控制变量。其中企业规模通过样本公司年末总资产账面价值的自然对数进行测度；企业年龄通过测量样本公司从成立日至观察期的存续年限测度；企业资本结构通过样本公司所有者权益比例进行测度；企业股权集中度采用样本公司年末前十大股东持股比例的赫芬达尔指数进行测度；企业所有制性质采用虚拟变量法进行测度，如果是国有控股企业则赋值为1，其他为0。

基于本部分主要变量较多，对其进行列表（见表4.2）。

表4.2 主要变量的说明与测度

| 变量类型 | 变量名称 | 变量说明 |
|---|---|---|
| 被解释变量 | 经济效益 | 采用国泰安数据库中的净资产收益率 |
| | 社会效益 | 和讯网提供的社会责任履行<br>总得分的自然对数测度 |
| | 经济效益与社会效益协调度 | 采用耦合协调度方法测度 |
| 主要解释变量 | 动态能力 | 采用第三章测度的数据 |
| | 创新能力 | 采用第三章测度的数据 |
| | 整合能力 | 采用第三章测度的数据 |
| | 适应能力 | 采用第三章测度的数据 |
| 中介变量 | 全要素生产率 | 采用LP方法测度 |
| 调节变量 | 环境不确定性 | 经行业中位数调整的销售收入的变异系数 |
| | 环境敌对性 | 1-行业内所有样本上市企业占有市场份额的平方和 |
| | 环境丰富性 | 企业过去5年平均销售增长率 |
| 控制变量 | 企业规模 | 年末总资产账面价值的自然对数测度 |
| | 企业年龄 | 成立日至观察期的存续年限测度 |
| | 企业资本结构 | 所有者权益比例测度 |
| | 股权集中度 | 年末前十大股东持股比例的赫芬达尔指数测度 |
| | 企业所有制性质 | 国有企业赋值为1，其他为0 |

## （三）计量模型

1. 主效应分析模型

为检验相关假说，构建如下基准模型：

$$y_{it} = \alpha_0 + \lambda_t + \alpha_1 ability_{it} + controls_{it}\, \beta + \epsilon_{it} \tag{4.9}$$

式中，*ability* 为动态能力变量，*controls* 为控制变量，如果动态能力的系数为正，说明在样本期间内，动态能力对被解释变量起到了促进作用。

2. 中介效应分析模型

采用温忠麟和叶宝娟（2014）提出的逐步回归法检验"动态能力—全要素生产率—企业效益"的中介机制是否存在。为此，构建公式如下：

$$y = c \times ability + controls + e_1 \tag{4.10}$$

$$mediator = a \times ability + controls + e_2 \tag{4.11}$$

$$y = b \times mediator + c' \times ability + controls + e_3 \tag{4.12}$$

式中，$c$ 是动态能力对被解释变量产生影响的总效应，$a \times b$ 为中介变量 *mediator* 对被解释变量 $y$ 的中介效应，如果 $a$、$b$、$c$ 显著则存在中介效应，比较 $a \times b$ 与 $c'$ 的符号，如果同号则存在部分中介效应。此处中介变量为全要素生产率。

3. 调节效应分析模型

$$y = \gamma_1 ability + \gamma_2 moderator + \gamma_3 moderator \times ability + controls + u_1 \tag{4.13}$$

式中，$\gamma_3$ 是动态能力对被解释变量产生影响的调节效应。调节变量 *moderator* 为环境因素，具体为环境不确定性、环境敌对性与环境丰富性。

考虑到加入交互项后，主变量的系数 $\gamma_1$ 含义与加入交互项之前发生了实质性的变化，二者不具可比性。为了让调节效应模型系数与主效应模型系数具有可比性，采用如下模型设定形式：

$$y = \theta_1 ability + \theta_2 moderator + \theta_3 (moderator - \overline{moderator}) \times$$

$$(ability - \overline{ability}) + controls + u_2 \tag{4.14}$$

式中，$\overline{ability}$ 为动态能力变量的均值，$\overline{moderator}$ 为调节变量的均值。

## （四）分析方法

本书采用的是非平衡面板数据模型，在计量分析之前先判断采用随机效应模型还是固定效应模型。这需要对研究模型进行 Hausman 检验，其基本思想是通过检验个体效应与其他解释变量是否相关，以此作为固定效应和随机效应模型的筛选依据。在个体效应和其他解释变量不相关假定下，采用固定效应模型和采用随机效应模型得到的参数估计都是无偏且一致的。若原假设不成立，则固定效应模型的参数估计仍然一致，但随机效应模型不一致。因此，在原假设下，二者参数估计不会有显著差异。若拒绝原假设，则表明个体效应与解释变量相关，此时选择固定效应模型。考虑到当不服从同方差假设时，传统的 Hausman 检验方法失效，因此，采用 Wooldridge（2002）提出的稳健版的 Hausman 检验方法。

# 三、研究结果

## （一）描述性统计

表4.3 列示了主要研究变量的描述性统计。从主要变量的统计性描述可以看出，企业经济效益的最大值为 0.715，最小值为 -10.720，标准差为 0.681，表明企业之间的经济效益差异较

大。同样，企业社会效益的最大值为 4.296，最小值为 -2.525，标准差为 0.716，说明企业社会效益之间也存在较大差异。而经济效益与社会效益协调度的均值为 0.176，表明文化服务企业的经济效益与社会效益处于严重失调状态。企业全要素生产率最大值为 3.783，最小值为 1.394，均值为 2.419，表明企业全要素生产率之间差异不大。从企业动态能力看，创新能力最小值为 0.002，最大值为 0.523，表明企业在创新能力方面差异巨大。

表 4.3　企业动态能力功效实证分析各变量描述性统计

| 变量 | 数量 | 均值 | 标准差 | 最小值 | 最大值 |
|------|------|------|--------|--------|--------|
| 企业经济效益 | 745 | 0.01 | 0.618 | -10.720 | 0.715 |
| 企业社会效益 | 745 | 3.001 | 0.716 | -2.525 | 4.296 |
| 双效协调度 | 745 | 0.176 | 0.076 | 0.092 | 0.589 |
| 动态能力 | 745 | 0.195 | 0.115 | 0.012 | 0.530 |
| 创新能力 | 745 | 0.141 | 0.143 | 0.002 | 0.523 |
| 整合能力 | 745 | 0.024 | 0.009 | 0.001 | 0.070 |
| 适应能力 | 745 | 0.028 | 0.021 | 0.003 | 0.179 |
| 全要素生产率 | 745 | 2.419 | 0.369 | 1.394 | 3.783 |
| 企业规模 | 745 | 22.193 | 0.974 | 19.887 | 24.207 |
| 企业年龄 | 745 | 18.137 | 5.764 | 7.000 | 40.000 |
| 企业所有制性质 | 745 | 0.383 | 0.487 | 0 | 1.000 |
| 企业所有者权益 | 745 | 0.664 | 0.164 | 0.045 | 0.955 |
| 企业股权集中度 | 745 | 0.163 | 0.121 | 0.010 | 0.586 |
| 环境敌对性 | 745 | 0.998 | 0.002 | 0.995 | 1.000 |
| 环境不确定性 | 745 | 0.375 | 0.242 | 0.006 | 1.089 |
| 环境丰富性 | 745 | 0.527 | 1.631 | -0.238 | 12.061 |

## （二）动态能力与企业经济效益关系的实证结果分析

### 1. 模型选择

在进行面板数据回归分析之前，先通过稳健 Hausman 检验来判断是固定效应还是随机效应，检验结果如表4.4所示。

**表4.4　动态能力与企业经济效益回归分析的稳健 Hausman 检验结果**

| 变量 | 固定效应 | 随机效应 | 差值 | 标准差 |
|---|---|---|---|---|
| 动态能力 | 0.303 | 0.232 | 0.071 | 0.409 |
| 企业规模 | 0.300 | 0.095 | 0.204 | 0.072 |
| 企业年龄 | -0.058 | -0.007 | -0.051 | 0.019 |
| 企业所有制性质 | 0.439 | 0.032 | 0.407 | 0.460 |
| 企业所有者权益比例 | 2.069 | 1.057 | 1.010 | 0.256 |
| 企业股权集中度 | 2.030 | 0.171 | 1.858 | 0.705 |
| Chi2（6） | 38.320 | | | |
| Prob>chi2 | 0.0000 | | | |

从由表4.4可知，动态能力与企业经济效益的稳健 Hausman 检验对应的 $p=0.000$，检验结果拒绝固定效应与随机效应无差异的原假设，因此选用固定效应模型进行分析。分别对创新能力、整合能力、适应能力与企业经济效益做稳健 Hausman 检验，检验结果全部在0.001显著性水平上拒绝原假设，表明适合采用固定效应模型。基于篇幅，检验结果没有报告。

2. 动态能力对企业经济效益的回归分析

表4.5列示了动态能力与企业经济效益的回归分析结果。由表可知，企业规模、企业所有者权益比例、股权集中度对企业经济效益产生显著的正向影响，企业年龄对企业经济效益产生显著负向影响，企业所有制性质与企业经济效益之间不存在显著相关性。在此基础上，引入综合动态能力、创新能力、整合能力与适应能力，模型2、模型3、模型4和模型5的结果表明，综合动态能力（$\beta=0.303$，$p<0.01$）、创新能力（$\beta=0.247$，$p<0.01$）、整合能力（$\beta=1.820$，$p<0.01$）与适应能力（$\beta=1.610$，$p<$

0.05）均对企业经济效益具有显著正向影响。H1 得到了证实。

表4.5 动态能力与企业经济效益的回归分析结果

| 变量 | 模型 1 | 模型 2 | 模型 3 | 模型 4 | 模型 5 |
|---|---|---|---|---|---|
| 动态能力 | | 0.303*** (4.95) | | | |
| 创新能力 | | | 0.247*** (5.39) | | |
| 整合能力 | | | | 1.820*** (2.73) | |
| 适应能力 | | | | | 1.610** (2.02) |
| 企业规模 | 0.292*** (3.73) | 0.300*** (3.74) | 0.298*** (3.73) | 0.320*** (3.91) | 0.317*** (3.87) |
| 企业年龄 | -0.058*** (-2.89) | -0.058*** (-2.91) | -0.058*** (-2.9) | -0.061*** (-3.02) | -0.06*** (-3.01) |
| 企业所有制性质 | 0.437 (0.94) | 0.439 (0.94) | 0.439 (0.94) | 0.408 (0.87) | 0.411 (0.88) |
| 企业所有者权益比例 | 2.077*** (6.65) | 2.069*** (6.61) | 2.068*** (6.6) | 2.137*** (6.76) | 2.132*** (6.73) |
| 企业股权集中度 | 1.989*** (2.64) | 2.03*** (2.67) | 2.203*** (2.66) | 1.975*** (2.62) | 1.978*** (2.62) |
| 时间效应 | 控制 | 控制 | 控制 | 控制 | 控制 |
| 地区效应 | 控制 | 控制 | 控制 | 控制 | 控制 |
| 调整 $R^2$ | 0.061 | 0.067 | 0.065 | 0.064 | 0.062 |

注：括号内数字为 T 检验值，***、**、* 分别表示在 1%、5% 和 10% 的水平显著。N=745。

### 3. 动态能力与全要素生产率的回归分析

表4.6 列示了动态能力与企业全要素生产率的回归结果。

表 4.6　动态能力与企业全要素生产率的回归结果

| 变量 | 模型 1 | 模型 2 | 模型 3 | 模型 4 | 模型 5 |
|---|---|---|---|---|---|
| 动态能力 | | 0.225**<br>(2.57) | | | |
| 创新能力 | | | 0.079**<br>(2.42) | | |
| 整合能力 | | | | 6.977***<br>(14.78) | |
| 适应能力 | | | | | 6.556***<br>(14.6) |
| 企业规模 | -0.121***<br>(-4.54) | -0.117***<br>(-4.31) | -0.123***<br>(-4.52) | -0.025<br>(-1.13) | -0.025<br>(-1.12) |
| 企业年龄 | -0.019***<br>(-2.77) | -0.019***<br>(-2.79) | -0.019***<br>(-2.74) | -0.03***<br>(-5.54) | -0.030***<br>(-5.52) |
| 企业所有制性质 | 0.127<br>(0.8) | 0.128<br>(0.8) | 0.126<br>(0.8) | 0.026<br>(0.21) | 0.027<br>(0.22) |
| 企业所有者权益比例 | -0.053<br>(-0.5) | -0.050<br>(-0.47) | -0.050<br>(-0.47) | 0.156*<br>(1.84) | 0.159*<br>(1.87) |
| 企业股权集中度 | 0.471*<br>(1.84) | 0.460*<br>(1.78) | 0.460*<br>(1.78) | 0.424**<br>(2.11) | 0.428**<br>(2.12) |
| 时间效应 | 控制 | 控制 | 控制 | 控制 | 控制 |
| 地区效应 | 控制 | 控制 | 控制 | 控制 | 控制 |
| 调整 $R^2$ | 0.064 | 0.072 | 0.067 | 0.154 | 0.149 |

注：括号内数字为 T 检验值，***、**、*分别表示在 1%、5% 和 10% 的水平显著。N＝745。

由表可知，企业规模与企业年龄对全要素生产率产生显著负相关的影响，在 0.01 水平显著，企业股权集中度对全要素生产率产生显著正相关的影响，在 0.1 水平显著。在此基础上，引入动态能力、创新能力、整合能力与适应能力，模型 2、模型 3、模型4和模型5的结果表明，动态能力（$\beta=0.225$，$p<0.05$）、创新能力（$\beta=0.079$，$p<0.05$）、整合能力（$\beta=6.977$，$p<0.01$）与适应能力（$\beta=6.556$，$p<0.01$）均对企业全要素生产率具有显著正向影响。H4得到了证实。

4. 全要素生产率与企业经济效益的回归分析

表4.7列示了全要素生产率对动态能力与企业经济效益关系的中介效应检验结果。模型2表明，全要素生产率（$\beta=0.787$，$p<0.01$）与企业经济效益存在显著的正相关关系，意味着全要素生产率的提升会显著提升企业经济效益，这种结果支持了企业在高质量发展过程中企业全要素生产率是关键。H5.1得到了证实。

表4.7　全要素生产率对动态能力与企业经济效益关系的中介效应检验结果

| 变量 | 模型1 | 模型2 | 模型3 | 模型4 | 模型5 | 模型6 |
|---|---|---|---|---|---|---|
| 动态能力 | | | 0.276** (2.47) | | | |
| 创新能力 | | | | 0.216*** (5.17) | | |
| 整合能力 | | | | | 1.350*** (2.61) | |
| 适应能力 | | | | | | 1.467** (1.71) |
| 全要素生产率 | | 0.787*** (5.19) | 0.785*** (5.17) | 0.789*** (5.2) | 1.109*** (5.73) | 1.108*** (5.81) |
| 企业规模 | 0.292*** (3.73) | 0.387*** (4.98) | 0.392*** (4.94) | 0.395*** (4.98) | 0.347*** (4.42) | 0.344*** (4.39) |
| 企业年龄 | -0.058*** (-2.89) | -0.042** (-2.21) | -0.043** (-2.22) | -0.043** (-2.23) | -0.028 (-1.4) | -0.027 (-1.37) |
| 企业所有制性质 | 0.437 (0.94) | 0.337 (0.45) | 0.338 (0.75) | 0.340 (0.75) | 0.380 (0.85) | 0.381 (0.85) |

续表

| 变量 | 模型 1 | 模型 2 | 模型 3 | 模型 4 | 模型 5 | 模型 6 |
|---|---|---|---|---|---|---|
| 企业所有者权益比例 | 2.077*** (6.65) | 2.118*** (7.03) | 2.133*** (6.99) | 2.108*** (6.97) | 1.966*** (6.46) | 1.956*** (6.43) |
| 企业股权集中度 | 1.989*** (2.64) | 1.618** (2.21) | 1.647** (2.24) | 1.661** (2.26) | 1.509** (2.08) | 1.503** (2.07) |
| 时间效应 | 控制 | 控制 | 控制 | 控制 | 控制 | 控制 |
| 地区效应 | 控制 | 控制 | 控制 | 控制 | 控制 | 控制 |
| 调整 $R^2$ | 0.061 | 0.102 | 0.107 | 0.106 | 0.129 | 0.131 |

注：括号内数字为 T 检验值，***、**、* 分别表示在 1%、5% 和 10% 的水平显著。N = 745。

### 5. 全要素生产率的中介效应分析

表 4.7 列示了全要素生产率对动态能力与企业经济效益关系的中介效应检验结果。模型 3 至模型 6 分别表示了全要素生产率对动态能力、创新能力、整合能力、适应能力与企业经济效益的中介效应。由模型 3 可知，全要素生产率的回归系数（$\beta = 0.785$，p<0.01）达到显著性水平，动态能力的回归系数（$\beta = 0.276$，p<0.05）达到显著性水平，且动态能力与全要素生产率之间存在显著关系，表明全要素生产率在动态能力与企业经济效益之间产生了中介效应。由模型 4 可知，全要素生产率的回归系数（$\beta = 0.789$，p<0.01）达到显著性水平，创新能力的回归系数（$\beta = 0.216$，p<0.01）达到显著性水平，且创新能力与全要素生产率之间存在显著关系，表明全要素生产率在创新能力与企业经济效益之间产生了中介效应。由模型 5 可知，全要素生产率的回归系数（$\beta = 1.109$，p<0.01）达到显著性水平，整合能力的回归系数（$\beta = 1.350$，p<0.01）达到显著性水平，且整合能力与全要素生产率之间存在显著关系，表明全要素生产率在整合能力与企

业经济效益之间产生了中介效应。由模型 6 可知，全要素生产率的回归系数（$\beta = 1.108$，$p < 0.01$）达到显著性水平，适应能力的回归系数（$\beta = 1.467$，$p < 0.05$）达到显著性水平，且适应能力与全要素生产率之间存在显著关系，表明全要素生产率在适应能力与企业经济效益之间产生了中介效应。综上可知，全要素生产率对动态能力与企业经济效益关系产生了中介效应。H6.1 得到了证实。

6. 环境因素的调节效应分析

（1）环境不确定性的调节效应。表 4.8 列示了环境不确定性对动态能力与企业经济效益关系的调节效应检验结果。模型 1 至模型 4 分别反映了动态能力、创新能力、整合能力与适应能力的调节效应。由从模型 1 可知，动态能力与环境不确定性的交互项系数（$\beta = 0.239$，$p < 0.05$）显著，且动态能力与企业经济效益之间存在显著关系，表明环境不确定性对动态能力与企业经济效益关系存在调节效应。由模型 2 可知，创新能力与环境不确定性的交互项系数（$\beta = 0.113$，$p < 0.05$）显著，且创新能力与企业经济效益之间存在显著关系，表明环境不确定性对创新能力与企业经济效益关系存在调节效应。由模型 3 可知，整合能力与环境不确定性的交互项系数（$\beta = 0.935$，$p < 0.1$）显著，且整合能力与企业经济效益之间存在显著关系，表明环境不确定性对整合能力与企业经济效益关系存在调节效应。由模型 4 可知，适应能力与环境不确定性的交互项系数（$\beta = 0.644$，$p < 0.1$）显著，且适应能力与企业经济效益之间存在显著关系，表明环境不确定性对适应能力与企业经济效益关系存在调节效应。综上可知，环境不确定性对动态能力与企业经济效益关系产生了调节效应。H7.1 得到了证实。

表 4.8　环境不确定性对动态能力与企业经济效益关系的调节效应检验结果

| 变量 | 模型 1 | 模型 2 | 模型 3 | 模型 4 |
|---|---|---|---|---|
| 动态能力 | 0.271 *** <br> (4.81) | | | |
| 创新能力 | | 0.221 *** <br> (4.89) | | |
| 整合能力 | | | 1.840 *** <br> (2.79) | |
| 适应能力 | | | | 1.597 ** <br> (1.69) |
| 环境不确定性 | 0.122 <br> (0.75) | 0.106 <br> (0.71) | 0.208 <br> (1.25) | 0.292 <br> (1.02) |
| 动态能力× <br> 环境不确定性 | 0.239 ** <br> (2.45) | | | |
| 创新能力× <br> 环境不确定性 | | 0.113 ** <br> (2.57) | | |
| 整合能力× <br> 环境不确定性 | | | 0.935 * <br> (1.76) | |
| 适应能力× <br> 环境不确定性 | | | | 0.644 * <br> (1.92) |
| 控制变量 | 控制 | 控制 | 控制 | 控制 |
| 时间效应 | 控制 | 控制 | 控制 | 控制 |
| 地区效应 | 控制 | 控制 | 控制 | 控制 |
| 调整 $R^2$ | 0.047 | 0.045 | 0.044 | 0.044 |

注：括号内数字为 T 检验值，\*\*\*、\*\*、\* 分别表示在 1%、5% 和 10% 的水平显著。
N = 745。

（2）环境敌对性的调节效应。表 4.9 列示了环境敌对性对动态能力与企业经济效益关系的调节效应检验结果。模型 1 至模型 4 分别反映了动态能力、创新能力、整合能力与适应能力的调节效应。由模型 1 可知，动态能力与环境敌对性的交互项系数（$\beta = 0.207$，p<0.05）显著，且动态能力与企业经济效益之间存在显著关系，表明环境敌对性对动态能力与企业经济效益关系存

在调节效应。由模型 2 可知，创新能力与环境敌对性的交互项系数（$\beta=0.118$，$p<0.01$）显著，且创新能力与企业经济效益之间存在显著关系，表明环境敌对性对创新能力与企业经济效益关系存在调节效应。由模型 3 可知，整合能力与环境敌对性的交互项系数不显著，表明环境敌对性对整合能力与企业经济效益关系不存在调节效应。由模型 4 可知，适应能力与环境敌对性的交互项系数也不显著，表明环境敌对性对适应能力与企业经济效益关系不存在调节效应。综上可知，H7.2 没有全部得到证实。

表 4.9　环境敌对性对动态能力与企业经济效益关系的调节效应检验结果

| 变量 | 模型 1 | 模型 2 | 模型 3 | 模型 4 |
|---|---|---|---|---|
| 动态能力 | 0.301*** (4.87) | | | |
| 创新能力 | | 0.225*** (5.24) | | |
| 整合能力 | | | 1.690*** (2.72) | |
| 适应能力 | | | | 1.479** (1.68) |
| 环境敌对性 | −2.712 (−0.23) | −2.256 (−0.13) | −4.720 (−1.26) | −4.106 (−1.15) |
| 动态能力× 环境敌对性 | 0.207** (2.23) | | | |
| 创新能力× 环境敌对性 | | 0.118*** (2.71) | | |
| 整合能力× 环境敌对性 | | | −0.459 (−0.94) | |
| 适应能力× 环境敌对性 | | | | −0.548 (−0.77) |
| 控制变量 | 控制 | 控制 | 控制 | 控制 |
| 时间效应 | 控制 | 控制 | 控制 | 控制 |

续表

| 变量 | 模型 1 | 模型 2 | 模型 3 | 模型 4 |
|---|---|---|---|---|
| 地区效应 | 控制 | 控制 | 控制 | 控制 |
| 调整 $R^2$ | 0.052 | 0.051 | 0.066 | 0.063 |

注：括号内数字为 T 检验值，***、**、* 分别表示在 1%、5% 和 10% 的水平显著。N = 745。

（3）环境丰富性的调节效应。表 4.10 列示了环境丰富性对动态能力与企业经济效益关系的调节效应检验结果。模型 1 至模型 4 分别反映了动态能力、创新能力、整合能力与适应能力的调节效应。由模型 1 可知，动态能力与环境丰富性的交互项系数不显著，表明环境丰富性对动态能力与企业经济效益关系不存在调节效应。由模型 2 可知，创新能力与环境丰富性的交互项系数不显著，表明环境丰富性对创新能力与企业经济效益关系不存在调节效应。由模型 3 可知，整合能力与环境丰富性的交互项系数不显著，环境丰富性对整合能力与企业经济效益关系不存在调节效应。由模型 4 可知，适应能力与环境丰富性的交互项系数（ $\beta$ = 0.094，p<0.1）显著，且适应能力与企业经济效益存在显著关系，表明环境丰富性对适应能力与企业经济效益关系存在调节效应。综上可知，H7.3 没有全部得到证实。

表 4.10　环境丰富性对动态能力与企业经济效益关系的调节效应检验结果

| 变量 | 模型 1 | 模型 2 | 模型 3 | 模型 4 |
|---|---|---|---|---|
| 动态能力 | 0.305 *** (4.97) | | | |
| 创新能力 | | 0.240 *** (5.32) | | |
| 整合能力 | | | 1.674 *** (2.69) | |

续表

| 变量 | 模型 1 | 模型 2 | 模型 3 | 模型 4 |
|---|---|---|---|---|
| 适应能力 | | | | 1.532*<br>（1.62） |
| 环境丰富性 | 0.008<br>（0.27） | 0.008<br>（0.33） | 0.006<br>（0.21） | 0.003<br>（0.94） |
| 动态能力×<br>环境丰富性 | −0.199<br>（−0.18） | | | |
| 创新能力×<br>环境丰富性 | | −0.340<br>（−0.29） | | |
| 整合能力×<br>环境丰富性 | | | −0.075<br>（−0.19） | |
| 适应能力×<br>环境丰富性 | | | | 0.094*<br>（1.71） |
| 控制变量 | 控制 | 控制 | 控制 | 控制 |
| 时间效应 | 控制 | 控制 | 控制 | 控制 |
| 地区效应 | 控制 | 控制 | 控制 | 控制 |
| 调整 $R^2$ | 0.035 | 0.038 | 0.032 | 0.035 |

注：括号内数字为 T 检验值，***、**、* 分别表示在 1%、5% 和 10% 的水平显著。
N=745。

## （三）动态能力与企业社会效益关系的实证结果分析

### 1. 模型选择

在进行面板数据回归分析之前，先通过稳健 Hausman 检验来判断固定效应还是随机效应，检验结果如表 4.11 所示。

表 4.11 动态能力与企业社会效益回归分析的稳健 Hausman 检验结果

| 变量 | 固定效应 | 随机效应 | 差值 | 标准差 |
|---|---|---|---|---|
| 动态能力 | 0.359 | 0.141 | 0.216 | 0.346 |
| 企业规模 | 0.252 | 0.108 | 0.143 | 0.08 |

续表

| 变量 | 固定效应 | 随机效应 | 差值 | 标准差 |
|---|---|---|---|---|
| 企业年龄 | -0.116 | -0.01 | -0.105 | 0.021 |
| 企业所有制性质 | -0.298 | -0.097 | -0.200 | 0.500 |
| 企业所有者权益比例 | 0.319 | 0.294 | 0.025 | 0.274 |
| 企业股权集中度 | 0.925 | 0.723 | 0.201 | 0.763 |
| Chi2（6） | 35.17 | | | |
| Prob>chi2 | 0.0000 | | | |

由表可知，动态能力与企业社会效益的稳健 Hausman 检验对应的 p=0.000，检验结果拒绝固定效应与随机效应无差异的原假设，因此选用固定效应模型进行分析。分别对创新能力、整合能力、适应能力与企业社会效益做稳健 Hausman 检验，检验结果全部都在 0.01 显著性水平拒绝原假设，表明适合采用固定效应模型。基于篇幅，检验结果没有报告。

2. 动态能力与企业社会效益的回归分析

表 4.12 列示了动态能力与企业社会效益的回归结果。由表可知，企业规模（$\beta=0.262$，$p<0.01$）对企业社会效益产生显著的正向影响，企业年龄（$\beta=-0.117$，$p<0.01$）对企业社会效益产生显著负向影响，企业所有制性质、企业所有者权益比例以及企业股权集中度与企业社会效益之间不存在显著相关性。在此基础上，引入动态能力、创新能力、整合能力与适应能力，模型 2、模型 3、模型 4 和模型 5 的结果表明，动态能力（$\beta=0.358$，$p<0.1$）、创新能力（$\beta=0.261$，$p<0.1$）与整合能力（$\beta=1.160$，$p<0.01$）对企业社会效益产生显著正向影响，但是适应能力（$\beta=-1.246$，$p>0.1$）对企业社会效益不具有显著影响。H2 全部得到证实。

表4.12　动态能力与企业社会效益的回归结果

| 变量 | 模型1 | 模型2 | 模型3 | 模型4 | 模型5 |
|---|---|---|---|---|---|
| 动态能力 | | 0.358*<br>(1.85) | | | |
| 创新能力 | | | 0.261*<br>(1.75) | | |
| 整合能力 | | | | 1.160***<br>(3.11) | |
| 适应能力 | | | | | −1.246<br>(−0.69) |
| 企业规模 | 0.262***<br>(2.88) | 0.237***<br>(2.61) | 0.245***<br>(2.59) | 0.309***<br>(3.4) | 0.244***<br>(2.58) |
| 企业年龄 | −0.117***<br>(−5.1) | −0.107***<br>(−4.58) | −0.114***<br>(−4.95) | −0.106***<br>(−4.66) | −0.114***<br>(−4.95) |
| 企业所有制性质 | −0.296<br>(−0.58) | −0.277<br>(−0.54) | −0.275<br>(−0.53) | −0.276<br>(−0.54) | −0.273<br>(−0.53) |
| 企业所有者权益比例 | 0.312<br>(0.83) | 0.291<br>(0.78) | 0.265<br>(0.69) | 0.318<br>(0.86) | 0.261<br>(0.68) |
| 企业股权集中度 | 0.978<br>(1.254) | 0.973<br>(1.14) | 0.969<br>(0.258) | 1.039<br>(1.23) | 0.968<br>(1.13) |
| 时间效应 | 控制 | 控制 | 控制 | 控制 | 控制 |
| 地区效应 | 控制 | 控制 | 控制 | 控制 | 控制 |
| 调整 $R^2$ | 0.029 | 0.031 | 0.030 | 0.033 | 0.029 |

注：括号内数字为 T 检验值，***、**、* 分别表示在 1%、5% 和 10% 的水平显著。
N = 745。

### 3. 全要素生产率与企业社会效益的回归分析

表4.13列示了全要素生产率对动态能力与企业社会效益关系的中介效应检验结果。模型1表明全要素生产率（$\beta = 1.055$，$p < 0.01$）对企业社会效益存在显著正向影响，意味着全要素生产率不仅是提升企业经济效益的关键，而且对于提高企业社会效益也非常重要，是企业切实履行社会责任的重要因素之一。H5.2得到了证实。

4. 全要素生产率的中介效应分析

表4.13中的模型2至模型5列示了全要素生产率对动态能力与企业社会效益关系的中介效应检验结果，分别表示了全要素生产率对综合动态能力、创新能力、整合能力、适应能力与企业社会效益的中介效应。由模型2、模型3与模型5可知，全要素生产率的回归系数（$\beta=1.023$，$p<0.01$）、（$\beta=1.053$，$p<0.01$）、（$\beta=1.074$，$p<0.01$）达到显著性水平，但是动态能力（$\beta=0.274$，$p>0.1$）、创新能力（$\beta=0.214$，$p>0.1$）、适应能力（$\beta=-1.710$，$p>0.1$）与企业社会效益之间不存在显著性关系，表明全要素生产率在动态能力、创新能力、适应能力与企业社会效益之间不存在中介效应。由模型4可知，全要素生产率的回归系数（$\beta=0.995$，$p<0.01$）达到显著性水平，整合能力的回归系数（$\beta=0.935$，$p<0.05$）达到显著性水平，且整合能力与全要素生产率存在显著关系，表明全要素生产率在整合能力与企业社会效益之间产生了中介效应。综上可知，全要素生产率对整合能力与企业社会效益关系产生了中介效应。H6.2没有全部得到证实。

表4.13　全要素生产率对动态能力与企业社会效益关系的中介效应检验结果

| 变量 | 模型1 | 模型2 | 模型3 | 模型4 | 模型5 |
|---|---|---|---|---|---|
| 动态能力 | | 0.274<br>(1.10) | | | |
| 创新能力 | | | 0.214<br>(0.32) | | |
| 整合能力 | | | | 0.935**<br>(2.58) | |
| 适应能力 | | | | | −1.710<br>(−1.25) |
| 全要素生产率 | 1.055***<br>(5.51) | 1.023***<br>(5.28) | 1.053***<br>(5.49) | 0.995***<br>(5.2) | 1.074***<br>(5.72) |

续表

| 变量 | 模型 1 | 模型 2 | 模型 3 | 模型 4 | 模型 5 |
|---|---|---|---|---|---|
| 企业规模 | 0.435*** (4.7) | 0.416*** (4.41) | 0.4295*** (4.55) | 0.463*** (5.02) | 0.406*** (4.64) |
| 企业年龄 | -0.115*** (-5.24) | -0.109*** (-4.86) | -0.114*** (-2.23) | -0.106*** (-4.85) | -0.087*** (-4.14) |
| 企业所有制性质 | -0.430 (-0.87) | -0.416 (-0.84) | -0.432 (-0.88) | -0.406 (-0.83) | -0.320 (-0.69) |
| 企业所有者权益比例 | 0.484 (1.25) | 0.465 (1.29) | 0.489 (1.35) | 0.479 (1.34) | 0.090 (0.26) |
| 企业股权集中度 | 0.761 (0.93) | 0.765 (0.93) | 0.730 (0.88) | 0.823 (1.01) | 0.450 (0.58) |
| 时间效应 | 控制 | 控制 | 控制 | 控制 | 控制 |
| 地区效应 | 控制 | 控制 | 控制 | 控制 | 控制 |
| 调整 $R^2$ | 0.049 | 0.050 | 0.049 | 0.091 | 0.096 |

注：括号内数字为 T 检验值，***、**、* 分别表示在 1%、5% 和 10% 的水平显著。N=745。

### 5. 环境因素的调节效应分析

（1）环境不确定性的调节效应分析。表 4.14 列示了环境不确定性对动态能力与企业社会效益关系的调节效应检验结果。由表可知，模型 1、模型 2、模型 3 与模型 4 中的动态能力、创新能力、整合能力、适应能力与环境不确定性的交互项系数均不显著，表明环境不确定性在动态能力、创新能力、整合能力、适应能力与企业社会效益之间不存在调节效应。

**表 4.14　环境不确定性对动态能力与企业社会效益关系的调节效应检验结果**

| 变量 | 模型 1 | 模型 2 | 模型 3 | 模型 4 |
|---|---|---|---|---|
| 动态能力 | 0.124 (0.30) | | | |
| 创新能力 | | -0.396 (-0.29) | | |

续表

| 变量 | 模型 1 | 模型 2 | 模型 3 | 模型 4 |
|---|---|---|---|---|
| 整合能力 | | | 1.126<br>(1.17) | |
| 适应能力 | | | | −1.700<br>(−0.31) |
| 环境不确定性 | 1.452<br>(0.75) | 1.447<br>(0.74) | 1.473<br>(0.76) | 1.635<br>(0.83) |
| 动态能力×<br>环境不确定性 | 1.043<br>(1.53) | | | |
| 创新能力×<br>环境不确定性 | | −1.625<br>(−0.6) | | |
| 整合能力×<br>环境不确定性 | | | −1.666<br>(−0.1) | |
| 适应能力×<br>环境不确定性 | | | | −4.935<br>(−0.55) |
| 控制变量 | 已控制 | 已控制 | 已控制 | 已控制 |
| 时间效应 | 已控制 | 已控制 | 已控制 | 已控制 |
| 地区效应 | 已控制 | 已控制 | 已控制 | 已控制 |
| 调整 $R^2$ | 0.022 | 0.022 | 0.023 | 0.024 |

注：括号内数字为 T 检验值，***、**、*分别表示在 1%、5% 和 10% 的水平显著。N = 745。

（2）环境敌对性的调节效应分析。表 4.15 列示了环境敌对性对动态能力与企业社会效益关系的调节效应检验结果。由表可知，模型 1、模型 2、模型 3 与模型 4 中的动态能力、创新能力、整合能力、适应能力与环境敌对性的交互项系数均不显著，表明环境敌对性在动态能力、创新能力、整合能力、适应能力与企业社会效益之间不存在调节效应。

**表 4.15　环境敌对性对动态能力与企业社会效益关系的调节效应检验结果**

| 变量 | 模型 1 | 模型 2 | 模型 3 | 模型 4 |
|---|---|---|---|---|
| 动态能力 | 0.450<br>(0.98) | | | |

续表

| 变量 | 模型1 | 模型2 | 模型3 | 模型4 |
|------|-------|-------|-------|-------|
| 创新能力 | | −0.488<br>(−1.06) | | |
| 整合能力 | | | 1.969<br>(1.21) | |
| 适应能力 | | | | −1.487<br>(−0.94) |
| 环境敌对性 | −4.220<br>(−0.66) | −4.210<br>(−0.66) | −4.920<br>(−0.85) | −4.820<br>(−0.73) |
| 动态能力×<br>环境敌对性 | −4.520<br>(−0.98) | | | |
| 创新能力×<br>环境敌对性 | | −4.900<br>(−1.06) | | |
| 整合能力×<br>环境敌对性 | | | 19.840<br>(1.22) | |
| 适应能力×<br>环境敌对性 | | | | −7.840<br>(−1.15) |
| 控制变量 | 已控制 | 已控制 | 已控制 | 已控制 |
| 时间效应 | 已控制 | 已控制 | 已控制 | 已控制 |
| 地区效应 | 已控制 | 已控制 | 已控制 | 已控制 |
| 调整 $R^2$ | 0.035 | 0.035 | 0.036 | 0.036 |

注：括号内数字为 T 检验值，\*\*\*、\*\*、\* 分别表示在 1%、5% 和 10% 的水平显著。 N = 745。

（3）环境丰富性的调节效应分析。表 4.16 列示了环境丰富性对动态能力与企业社会效益关系的调节效应检验结果。由表可知，模型 3 中环境丰富性与整合能力的交互项系数（$\beta = 0.812$，$p < 0.1$），且整合能力与企业社会效益之间存在显著相关关系，表明环境丰富性在整合能力与企业社会效益之间存在显著的正向调节效应。模型 4 中环境丰富性与适应能力的交互项系数（$\beta = 5.254$，$p < 0.05$），但是适应能力与企业社会效益之间不存在显著相关关系，表明环境丰富性在适应能力与企业社会效益之间不

存在调节效应。模型1和模型2中动态能力、创新能力与环境丰富性的交互项系数均不显著，环境丰富性在动态能力、创新能力与企业社会效益之间不存在调节效应。

表 4.16　环境丰富性对动态能力与企业社会效益关系的调节效应检验结果

| 变量 | 模型 1 | 模型 2 | 模型 3 | 模型 4 |
| --- | --- | --- | --- | --- |
| 动态能力 | 0.241<br>(0.97) | | | |
| 创新能力 | | -0.018<br>(-0.02) | | |
| 整合能力 | | | 1.095***<br>(2.89) | |
| 适应能力 | | | | -4.292<br>(-1.26) |
| 环境丰富性 | 0.388<br>(0.74) | 0.457<br>(0.75) | 0.462<br>(0.79) | 0.257<br>(0.42) |
| 动态能力×<br>环境丰富性 | 0.397<br>(0.96) | | | |
| 创新能力×<br>环境丰富性 | | -0.798<br>(-0.46) | | |
| 整合能力×<br>环境丰富性 | | | 0.812*<br>(1.72) | |
| 适应能力×<br>环境丰富性 | | | | 5.254**<br>(2.09) |
| 控制变量 | 已控制 | 已控制 | 已控制 | 已控制 |
| 时间效应 | 控制 | 控制 | 控制 | 控制 |
| 地区效应 | 控制 | 控制 | 控制 | 控制 |
| 调整 $R^2$ | 0.027 | 0.027 | 0.028 | 0.027 |

注：括号内数字为 T 检验值，***、**、* 分别表示在1%、5%和10%的水平显著。N=745。

## （四）动态能力与企业"双效"协调度关系的实证结果分析

### 1. 模型选择

在进行面板数据回归分析前，先通过稳健 Hausman 检验来判断固定效应还是随机效应，检验结果如表 4.17 所示。由表可知，动态能力与企业"双效"协调度的稳健 Hausman 检验对应的 $p<0.05$，检验结果拒绝固定效应与随机效应无差异的原假设，因此选用固定效应模型进行分析。分别对创新能力、整合能力、适应能力与企业"双效"协调度做稳健 Hausman 检验，检验结果全部在 0.05 显著性水平上拒绝原假设，表明适合采用固定效应模型。基于篇幅，创新能力、整合能力、适应能力与企业"双效"协调度回归分析的稳健 Hausman 检验结果没有报告。

表 4.17 动态能力与企业"双效"协调度回归分析的稳健 Hausman 检验结果

| 变量 | 固定效应 | 随机效应 | 差值 | 标准差 |
|---|---|---|---|---|
| 动态能力 | 0.008 | −0.009 | 0.017 | 0.346 |
| 企业规模 | 0.029 | 0.012 | 0.017 | 0.08 |
| 企业年龄 | −0.01 | −0.003 | −0.007 | 0.002 |
| 企业所有制性质 | −0.017 | −0.013 | −0.004 | 0.049 |
| 企业所有者权益比例 | 0.021 | 0.048 | −0.27 | 0.022 |
| 企业股权集中度 | 0.001 | −0.002 | 0.003 | 0.069 |
| Chi2（6） | 14.52 | | | |
| Prob>chi2 | 0.0243 | | | |

2. 动态能力对企业"双效"协调度的回归分析

表 4.18 列示了动态能力与企业"双效"协调度的回归结果。由模型 1 可知，企业规模（$\beta=0.028$，$p<0.01$）对企业"双效"协调度产生显著的正向影响，企业年龄（$\beta=-0.010$，$p<0.01$）对企业"双效"协调度产生显著负向影响，企业所有制性质、企业所有者权益比例以及企业股权集中度与企业"双效"协调度之间不存在显著相关性。

表 4.18　动态能力与企业"双效"协调度的回归结果

| 变量 | 模型 1 | 模型 2 | 模型 3 | 模型 4 | 模型 5 |
|---|---|---|---|---|---|
| 动态能力 | | 0.009<br>(0.13) | | | |
| 创新能力 | | | 0.008<br>(0.12) | | |
| 整合能力 | | | | 0.019 **<br>(2.02) | |
| 适应能力 | | | | | 0.018<br>(0.10) |
| 企业规模 | 0.028 ***<br>(3.39) | 0.029 ***<br>(3.74) | 0.028 **<br>(3.34) | 0.029 **<br>(3.26) | 0.029 ***<br>(3.26) |
| 企业年龄 | -0.010 ***<br>(-4.71) | -0.010 ***<br>(-4.71) | -0.010 ***<br>(-4.70) | -0.010 ***<br>(-4.67) | -0.010 ***<br>(-4.67) |
| 企业所有制性质 | -0.017<br>(-0.33) | -0.017<br>(-0.33) | -0.017<br>(-0.33) | -0.017<br>(-0.34) | -0.017<br>(-0.34) |
| 企业所有者权益比例 | 0.021<br>(0.62) | 0.021<br>(0.61) | 0.021<br>(0.60) | 0.022<br>(0.63) | 0.021<br>(0.062) |
| 企业股权集中度 | -0.001<br>(-0.01) | 0.000<br>(0.00) | -00.000<br>(-0.00) | -0.001<br>(-0.01) | -0.001<br>(-0.01) |
| 时间效应 | 控制 | 控制 | 控制 | 控制 | 控制 |
| 地区效应 | 控制 | 控制 | 控制 | 控制 | 控制 |
| 调整 $R^2$ | 0.037 | 0.037 | 0.037 | 0.039 | 0.037 |

注：括号内数字为 T 检验值，*** 、 ** 、 * 分别表示在 1%、5% 和 10% 的水平显著。N = 745。

在此基础上，引入动态能力、创新能力、整合能力与适应能力。模型 4 表明，整合能力（$\beta = 0.019$，$p<0.05$）对企业"双效"协调度产生显著的正向影响，但是模型 2、模型 3 和模型 5 的结果表明，动态能力（$\beta = 0.009$，$p>0.1$）、创新能力（$\beta = 0.008$，$p>0.1$）以及适应能力（$\beta = 0.018$，$p>0.1$）对企业"双效"协调度不具有显著影响。综上可知，H3.2 得到了证实，但是 H3.1 和 H3.3 未得到证实，表明 H3 没有得到证实。

### 3. 全要素生产率与企业"双效"协调度的回归分析

表4.19中的模型1列示了全要素生产率对企业"双效"协调度的回归分析结果，结果表明，全要素生产率（$\beta = 0.037$，$p < 0.05$）对企业"双效"协调度存在显著正向影响。这意味着全要素生产率有助于促使企业经济效益与社会效益相统一。假设H5.3得到了证实。

表 4. 19　全要素生产率对动态能力与企业"双效"协调度关系的中介效应检验结果

| 变量 | 模型 1 | 模型 2 | 模型 3 | 模型 4 | 模型 5 |
|---|---|---|---|---|---|
| 动态能力 | | 0.004<br>(0.06) | | | |
| 创新能力 | | | 0.011<br>(0.16) | | |
| 整合能力 | | | | 0.034***<br>(2.61) | |
| 适应能力 | | | | | -0.032<br>(-1.59) |
| 全要素生产率 | 0.037**<br>(2.20) | 0.037**<br>(2.19) | 0.038**<br>(2.20) | 0.032**<br>(2.07) | 0.058***<br>(2.71) |
| 企业规模 | 0.033***<br>(3.83) | 0.033***<br>(3.76) | 0.033***<br>(3.78) | 0.030***<br>(3.45) | 0.030***<br>(3.44) |
| 企业年龄 | -0.009***<br>(-4.36) | -0.009***<br>(-4.35) | -0.009***<br>(-4.36) | -0.008***<br>(-3.75) | -0.008***<br>(-3.75) |
| 企业所有制性质 | -0.201<br>(-0.43) | -0.202<br>(-0.43) | -0.201<br>(-0.43) | -0.018<br>(-0.37) | -0.018<br>(-0.37) |
| 企业所有者权益比例 | 0.023<br>(0.68) | 0.023<br>(0.67) | 0.023<br>(0.66) | 0.012<br>(0.36) | 0.012<br>(0.36) |
| 企业股权集中度 | -0.019<br>(-0.23) | -0.018<br>(-0.22) | -0.017<br>(-0.21) | -0.025<br>(-0.32) | -0.026<br>(-0.32) |
| 时间效应 | 控制 | 控制 | 控制 | 控制 | 控制 |
| 地区效应 | 控制 | 控制 | 控制 | 控制 | 控制 |
| 调整 $R^2$ | 0.052 | 0.052 | 0.052 | 0.058 | 0.053 |

注：括号内数字为T检验值，＊＊＊、＊＊、＊分别表示在1%、5%和10%的水平显著。N = 745。

**4. 全要素生产率的中介效应分析**

表 4.19 列示了全要素生产率对动态能力与企业"双效"协调度的中介效应检验结果。由模型 2、模型 3 与模型 5 可知，全要素生产率的回归系数（$\beta=0.037$，$p<0.05$）、（$\beta=0.038$，$p<0.05$）、（$\beta=0.058$，$p<0.01$）达到显著性水平，但是动态能力（$\beta=0.004$，$p>0.1$）、创新能力（$\beta=0.011$，$p>0.1$）、适应能力（$\beta=-0.032$，$p>0.1$）与企业"双效"协调度之间不存在显著性关系，表明全要素生产率在动态能力、创新能力、适应能力与企业"双效"协调度之间不存在中介效应。由模型 4 可知，全要素生产率的回归系数（$\beta=0.032$，$p<0.05$）达到显著性水平，整合能力的回归系数（$\beta=0.034$，$p<0.01$）达到显著性水平，且整合能力与全要素生产率之间存在显著关系，表明全要素生产率在整合能力与企业"双效"协调度之间产生了中介效应。综上可知，全要素生产率对整合能力与企业双效协调度关系产生了中介效应。H6.3 得到了部分证实。

**5. 环境因素的调节效应分析**

（1）环境不确定性的调节效应分析。表 4.20 列示了环境不确定性对动态能力与企业"双效"协调度关系的调节效应检验结果。由表可知，模型 1、模型 2、模型 3 与模型 4 中的动态能力、创新能力、整合能力、适应能力与环境不确定性的交互项系数均不显著，表明环境不确定性在动态能力、创新能力、整合能力、适应能力与企业"双效"协调度之间不存在调节效应。

表 4.20　环境不确定性对动态能力与企业"双效"协调度关系的调节效应检验结果

| 变量 | 模型 1 | 模型 2 | 模型 3 | 模型 4 |
|---|---|---|---|---|
| 动态能力 | 0.044<br>(0.33) | | | |

续表

| 变量 | 模型 1 | 模型 2 | 模型 3 | 模型 4 |
|---|---|---|---|---|
| 创新能力 | | 0.049<br>(0.36) | | |
| 整合能力 | | | 0.359<br>(0.64) | |
| 适应能力 | | | | 0.365<br>(0.67) |
| 环境不确定性 | 0.091<br>(0.47) | 0.091<br>(0.47) | 0.094<br>(0.49) | 0.109<br>(0.56) |
| 动态能力×<br>环境不确定性 | 0.123<br>(0.46) | | | |
| 创新能力×<br>环境不确定性 | | 0.133<br>(0.49) | | |
| 整合能力×<br>环境不确定性 | | | −0.551<br>(−0.63) | |
| 适应能力×<br>环境不确定性 | | | | −0.562<br>(−0.66) |
| 控制变量 | 已控制 | 已控制 | 已控制 | 已控制 |
| 时间效应 | 控制 | 控制 | 控制 | 控制 |
| 地区效应 | 控制 | 控制 | 控制 | 控制 |
| 调整 $R^2$ | 0.045 | 0.045 | 0.07 | 0.045 |

注：括号内数字为 T 检验值，***、**、* 分别表示在 1%、5% 和 10% 的水平显著。$N=745$。

（2）环境敌对性的调节效应分析。表 4.21 列示了环境敌对性对动态能力与企业"双效"协调度关系的调节效应检验结果。模型 3 中整合能力与环境敌对性的交互项系数（$\beta=26.030$，$p<0.1$），且整合能力与企业"双效"协调度之间存在显著相关关系，表明环境敌对性在整合能力与企业"双效"协调度关系间存在正向的调节作用。模型 4 中适应能力与环境敌对性的交互项系数（$\beta=26.220$，$p<0.1$）显著为正，且适应能力与企业"双效"协调度之间存在显著相关关系，表明环境敌对性在适应能力与企

业"双效"协调度之间存在正向的调节作用。模型1和模型2中
动态能力、创新能力与环境敌对性的交互项系数均不显著，表明
环境敌对性在动态能力、创新能力与企业"双效"协调度关系之
间不存在调节效应。

表4.21 环境敌对性对动态能力与企业"双效"协调度关系的调节效应检验结果

| 变量 | 模型1 | 模型2 | 模型3 | 模型4 |
|------|-------|-------|-------|-------|
| 动态能力 | 0.036<br>(0.81) | | | |
| 创新能力 | | 0.042<br>(0.93) | | |
| 整合能力 | | | 0.259*<br>(1.79) | |
| 适应能力 | | | | 0.262*<br>(1.81) |
| 环境敌对性 | 5.410<br>(0.88) | 5.350<br>(0.88) | 3.440<br>(0.54) | 2.600<br>(0.14) |
| 综合动态能力×<br>环境敌对性 | −3.660<br>(−0.81) | | | |
| 创新能力×<br>环境敌对性 | | −4.20<br>(−0.93) | | |
| 整合能力×<br>环境敌对性 | | | 26.030*<br>(1.80) | |
| 适应能力×<br>环境敌对性 | | | | 26.220*<br>(1.81) |
| 控制变量 | 已控制 | 已控制 | 已控制 | 已控制 |
| 时间效应 | 控制 | 控制 | 控制 | 控制 |
| 地区效应 | 控制 | 控制 | 控制 | 控制 |
| 调整 $R^2$ | 0.012 | 0.012 | 0.020 | 0.019 |

注：括号内数字为 T 检验值，***、**、*分别表示在1%、5%和10%的水平显著。
N=745。

（3）环境丰富性的调节效应分析。表4.22列示了环境丰富
性对动态能力与企业"双效"协调度关系的调节效应检验结果。

由表可知，模型 4 中环境丰富性与适应能力的交互项系数（$\beta =$ $-0.251$，$p<0.1$）显著为负，但适应能力与企业"双效"协调度之间无显著相关关系，表明环境丰富性在适应能力与企业"双效"协调度之间不存在调节效应。模型 1、模型 2 和模型 3 中动态能力、创新能力、整合能力与环境丰富性的交互项系数均不显著，表明环境丰富性在动态能力、创新能力、整合能力与企业"双效"协调度关系之间不存在调节效应。

表 4.22　环境丰富性对动态能力与企业"双效"协调度关系的调节效应检验结果

| 变量 | 模型 1 | 模型 2 | 模型 3 | 模型 4 |
|---|---|---|---|---|
| 动态能力 | 0.068<br>(0.97) | | | |
| 创新能力 | | 0.052<br>(0.48) | | |
| 整合能力 | | | 0.213<br>(1.03) | |
| 适应能力 | | | | 0.216<br>(1.04) |
| 环境丰富性 | 0.030<br>(0.27) | 0.029<br>(0.48) | 0.030<br>(0.50) | 0.037<br>(0.61) |
| 综合动态能力×<br>环境丰富性 | -0.159<br>(-1.00) | | | |
| 创新能力×<br>环境丰富性 | | -0.118<br>(-0.70) | | |
| 整合能力×<br>环境丰富性 | | | -0.026<br>(-1.60) | |
| 适应能力×<br>环境丰富性 | | | | -0.251*<br>(-1.66) |
| 控制变量 | 已控制 | 已控制 | 已控制 | 已控制 |
| 时间效应 | 控制 | 控制 | 控制 | 控制 |
| 地区效应 | 控制 | 控制 | 控制 | 控制 |
| 调整 $R^2$ | 0.034 | 0.035 | 0.037 | 0.030 |

注：括号内数字为 T 检验值，***、**、* 分别表示在 1%、5% 和 10% 的水平显著。$N=745$。

## （五）稳健性检验

为增强研究结论的稳健性，本部分做了以下几个方面的尝试：

（1）运用前述的方法和分析思路，采用另一种替代性指标来进行估计。采用企业经济效益综合指数作为企业经济效益的替代指标，采用企业社会效益综合指数作为企业社会效益的替代指标，对主效应模型和中介效应模型进行了实证检验。稳健性检验结果表明，企业动态能力、创新能力、整合能力与适应能力均对企业经济效益综合指数产生了显著影响；全要素生产率对企业经济效益综合指数具有显著影响，全要素生产率在动态能力、创新能力、整合能力、适应能力与企业经济效益综合指数关系之间存在显著的中介效应。整合能力对企业社会效益综合指数有显著影响，全要素生产率在整合能力与企业社会效益综合指数关系间存在中介效应。相关研究结论没有发生变化。

（2）采用 Wooldridge（2009）的测度方法测度全要素生产率，该方法对 OP 和 LP 估计方法进行了改进，其优点在于克服估计中潜在的识别问题以及在考虑序列相关和异方差的情况下，能够得到稳健标准误。相关研究结论没有发生变化。

（3）考虑到异常值可能会对检验结果产生影响，对数据进行了上下 1% 的缩尾处理，相关研究结论没有发生改变。

（4）考虑到模型可能存在内生性，采用滞后一期的主要解释变量作为工具变量再进行回归，相关研究结论没有发生变化。

综上所述，相关研究结论与原来保持一致，表明本书的研究结论具有较强的稳健性。限于篇幅，此处未具体列出实证检验表格。

## （六）假设检验结果汇总

综合前面各假设检验结果，可以得到研究的实证结果。相关的检验及结果汇总如表 4.23 所示。

表 4.23　假设检验结果汇总表

| | 关系 | 检验结果 |
|---|---|---|
| | H1.1 创新能力→企业经济效益 | 通过 |
| | H1.2 整合能力→企业经济效益 | 通过 |
| | H1.3 适应能力→企业经济效益 | 通过 |
| | H2.1 创新能力→企业社会效益 | 通过 |
| | H2.2 整合能力→企业社会效益 | 通过 |
| | H2.3 适应能力→企业社会效益 | 不通过 |
| | H3.1 创新能力→企业"双效"协调度 | 不通过 |
| | H3.2 整合能力→企业"双效"协调度 | 通过 |
| | H3.3 适应能力→企业"双效"协调度 | 不通过 |
| | H4.1 创新能力→企业全要素生产率 | 通过 |
| | H4.2 整合能力→企业全要素生产率 | 通过 |
| | H4.3 适应能力→企业全要素生产率 | 通过 |
| | H5.1 全要素生产率→企业经济效益 | 通过 |
| | H5.2 全要素生产率→企业社会效益 | 通过 |
| | H5.3 全要素生产率→企业"双效"协调度 | 通过 |
| 全要素生产率的中介效应 | H6.1 动态能力→企业经济效益 | 通过 |
| | H6.2 动态能力→企业社会效益 | 部分通过 |
| | H6.3 动态能力→企业"双效"协调度 | 部分通过 |
| 环境不确定性的调节效应 | H7.1 动态能力→企业经济效益 | 通过 |
| | H8.1 动态能力→企业社会效益 | 不通过 |
| | H9.1 动态能力→企业"双效"协调度 | 不通过 |
| 环境敌对性的调节效应 | H7.2 动态能力→企业经济效益 | 部分通过 |
| | H8.2 动态能力→企业社会效益 | 不通过 |
| | H9.2 动态能力→企业"双效"协调度 | 部分通过 |

续表

| | 关系 | 检验结果 |
|---|---|---|
| 环境丰富性的调节效应 | H7.3 动态能力→企业经济效益 | 部分通过 |
| | H8.3 动态能力→企业社会效益 | 部分通过 |
| | H9.3 动态能力→企业"双效"协调度 | 不通过 |

# 四、本章小结

本章利用 2013～2019 年文化服务企业上市公司数据，主要检验了动态能力及其各维度对企业经济效益、社会效益及企业"双效"协调度的影响，并以企业全要素生产率作为中介变量，环境因素作为调节变量，检验了其作用机制与影响模式。具体体现在以下几个方面：

第一，企业动态能力及其各维度对企业经济效益有显著影响，是影响企业经济效益的重要因素，对企业社会效益与"双效"协调度会部分产生显著影响，表明企业动态能力在推进文化服务企业经济效益与社会效益平衡发展中起到重要作用。

第二，以全要素生产率作为中介变量检验了其在动态能力与企业经济效益、社会效益、"双效"协调度关系间的中介效应。全要素生产率在动态能力及其各维度与企业经济效益关系间存在显著的中介效应，在动态能力及其各维度与企业社会效益、"双效"协调度关系间存在部分显著的中介效应。

第三，以环境因素作为调节变量检验了环境因素在动态能力与企业经济效益、社会效益、"双效"协调度关系间的调节效应，发现环境因素既有助于动态能力在企业经济效益中的作用，也有助于提升部分动态能力在企业社会效益与"双效"协调度中的效果。

综上所述，在对动态能力及其各维度与企业经济效益、社会效益、"双效"协调度关系进行实证研究的基础上，打开动态能力与企业效益、"双效"协调度关系间中介效应的"黑箱"，并探究了环境因素的调节作用，为提升企业动态能力在文化服务企业"双效"平衡发展中的作用奠定理论基础。

第五章

# 文化服务企业动态能力多层次
# 影响因素的实证研究

根据第四章的理论分析与实证检验结果，企业动态能力对企业经济效益、社会效益以及企业双效协调度存在显著正向影响，表明企业动态能力在文化服务企业高质量发展中起到重要作用。因此，有必要在企业动态能力的众多影响因素中识别出其关键影响因素，通过这些关键因素来激活企业动态能力，以此促进企业动态能力成长。本章对企业动态能力的多层次影响因素展开研究，主要从企业家个人层次、高管团队层次、组织层次以及外部环境层次四个方面来探寻企业动态能力的关键影响因素，为后续企业动态能力激活与培育的研究奠定理论基础。

## 一、理论推导与研究假设

### （一）理论模型的总体构思

在文献综述部分，我们归纳了企业动态能力的多个层次影响因素，个体因素层面如企业家精神与人力资本（Hsu 和 Wang，2012；Kale，2010）、领导力（Kor 和 Mesko，2013；Rindova 和 Kotha，2001）、管理认知（Dunning 和 Lundan，2010；Leiblein，2011）。管理团队因素层次面，Schilke 和 Goerzen（2010）发现联盟经验与联盟管理能力之间有显著的相关关系。组织因素层面，组织结构（Eisenhardt 等，2010；Felin 和 Powell，2016；Schilke 和 Goerzen，2010），组织文化（Anand 等，2009；Bock 等，2012）和信息技术（Macher 和 Mowery，2009；Pavlou 和 El Sawy，2010）与动态能力存在相关关系。外部环境因素层面，环境活力（Fawcett 等，2011；Killen 等，2012）、组织间结构（Jansen 等，2005；Roberts 和 Grover，2012）都与动态能力存在相关关系。

此外，Rothaer 和 Hess（2008）从人力资本、研发能力及战略联盟与并购三个方面及交互作用来探讨它们对企业动态能力的影响。焦豪（2010）基于调查问卷获取的数据，从创新维度、超前行动维度及风险承担维度的个人层次，共享愿景、社会整合、薪酬激励的管理团队层次，资源存量和战略联盟维度的组织层次及外部环境四个层次及交互作用分析它们对企业动态能力的影响。企业家作为企业的灵魂人物以及企业行为的最终决策者，其才能对企业动态能力有着关键作用。动态能力提升部分是通过干中学，当组织雇佣经验丰富的人员，更容易获取经验，进而提升动态能力。Chen 等（2012）认为进入新行业时，以前的经验能提高企业的综合能力。高管团队的经验也是企业动态能力不可或缺的部分。组织资源丰富的企业往往计划、执行和维护战略变革的能力更强（Giudici 和 Reinmoeller，2012；Helfat 和 Peteraf，2009）。不同类型的资源，如财政资源（El Akremi 等，2015）、技术资源（Anand 等，2010）和闲置资源都有利于动态能力的提升。外部环境的变化与动态性会促进企业动态能力的产生与成长（李大元等，2009）。

因此，本章从企业家个人层次、高管团队层次、组织层次以及外部环境层次四个方面的因素来考察它们对动态能力的影响，识别出影响动态能力的关键因素，为企业动态能力的成长打下基础。动态能力多层次影响因素的概念模型如图 5.1 所示。

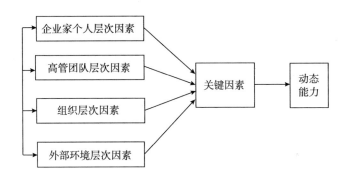

图 5.1　企业动态能力多层次影响因素概念模型

## （二）企业家个人层次因素与企业动态能力的关系

企业家处于市场与企业组织之间，是企业的灵魂人物以及企业行为的最终决策者（王健忠和高明华，2017）。因而，企业家是动态能力来源的基础。他们凭借其资源，基于企业内部资源与外部环境的变化，不断地优化企业所拥有的资源和能力。企业家资源从宏观层面而言，指一个国家或地区，拥有管理创新能力、要素配置能力、机会把握能力以及风险控制能力等方面都比较优秀的人才总称；从微观层面而言，指企业家所具有的资源和能力等各种资本，如金融资本、人力资本和社会资本等。已有研究表明企业家赋予组织具有创新、冒险的企业家精神，有利于企业动态能力的形成与提升，从而让企业能更好地适应环境的动态性与复杂性。Lee（2001）认为创业者的个性、背景会增加企业动态适应环境的能力。企业家的工作经验和经历、人力和金融资本以及通过企业家网络获取的互补资源和能力会促成企业动态能力质和量的提升。企业家凭借其自身内部资源或获取的外部资源都可以直接或间接地影响到企业的动态能力（刘烨等，2013）。因而，具有各类资源并能够充分利用整合这些资源的企业家，能够更快改变企业不适应环境变化的流程，最终动态适应环境的变化。

基于以上理论分析，提出如下假设：

H10：企业家个人才能对企业动态能力具有显著的正向影响。具体而言，政府关系能力（H10.1）、专业能力（H10.2）以及社会关系能力（H10.3）对企业动态能力有显著的正向影响。

## （三）高管团队层次因素与企业动态能力的关系

### 1. 高管团队经验与企业动态能力

自 Hambrick 和 Mason（1984）提出"高层梯队观"以来，高管团队作为组织动态能力的微观基础，在组织动态能力中作用的研究日益受到重视。

高管团队海外经历。基于烙印理论（Imprinting Theory），高管长时间地在某种背景下工作、学习，会形成与所处背景特点相匹配的印记。而高管在海外的经历或从事某种职业就是一种印记，会产生烙印效应。烙印理论源于生物学，后应用于管理学（王瑞霞，2019）。具体而言，"海归"高管在海外工作或学习过程中，会将国外先进的企业运作模式与管理模式在加深印象过程中逐步形成烙印模式，即认知烙印与能力烙印（杜勇等，2018），并将认知烙印与能力烙印体现到公司的决策中来。因而，具有国际化背景的高管有助于将先进的管理经验引入国内市场，提高"海归"高管自身决策能力与应对复杂环境变化的能力。同时，具有国际化背景的高管还会与团队成员之间沟通交流，拓展高管团队的国际视野，提供更多来自国外的经验，有利于提高团队更好地应对环境变化的能力。

高管团队职能经验的多样化，即职能经验的异质性，也会让高管团队成员之间产生不同的认知烙印与能力烙印，这种烙印使得团队成员在看待问题视角、解决问题方法与备选方案的偏好上产生较大差异。异质性高管团队成员的不同观点导致了对创新性和备择方案的综合考虑，有利于团队创造力与企业创新能力的提高（杨林，2013）。同时，高管团队的职能异质性也为团队成员提供更多的信息源，在环境发生变化时存在多个可以依赖的维度，更好地适应环境变化，从而提升组织的适应能力。

高管团队行业经验代表团队成员更加了解行业中的竞争对手，提高对供应商以及顾客的情况熟悉度以及行业各种因素变化的敏感度（杨林等，2020）。因而，行业经验丰富的高管成员熟悉行业中的机会、威胁、资源，这些都使得他们能够对行业环境变化做出快速反应，提升信息处理能力与资源整合能力。同时，行业经验丰富的高管成员由于在该行业具有更长的时间跨度、累积了更多的社会资源，具备广泛的社会关系网络。他们通过这些网络能有更多的信息源，能快速熟悉哪些资源能给企业带来最大利益，从而利用行业网络进行资源获取和整合，推动市场拓展，产品创新，提升企业创新能力，并利用社会资源应对外部环境的不确定性，促进组织适应能力的发展。

因此，高管团队经验作为组织动态能力的关键因素，对企业动态能力产生重要影响。

2. 高管薪酬激励与企业动态能力的关系

基于委托代理理论，当企业所有权与经营权分离时，高管（即代理人）与委托人之间的目标和利益会产生差异。高管比较偏爱能够直接带来体现企业业绩的短期投资活动，对于有利于企业长期发展，但周期长、见效慢及风险大的项目则不太热衷。所有者更关注企业的长期发展，希望企业能够稳定增值。因此，代理人与委托人之间存在着冲突（张子余和袁澍蕾，2017；郭淑娟等，2018）。为了缓解这种冲突，委托人可以制订合理的薪酬激励方案，激励高管避免短视行为，并采取一些措施去获取企业的长期竞争优势，如对企业创新能力、资源整合能力及适应能力的重视。高管行为的变化主要是因为通过提高企业高管的货币薪酬待遇，可以适当弥补高管由于从事创新、整合等对企业长期有益活动而放弃短期高收益项目的弥补，货币薪酬激励使得高管与股东的利益趋于一致。因而，高管货币薪酬激励有利于提升高管从事企业创新、资源整合重构等活动或项目的意愿。

基于以上理论分析，提出如下假设：

H11：高管团队层次因素中的高管团队经验（H11.1）与货币薪酬激励（H11.2）对企业动态能力具有显著的正向影响。

## （四）组织层次因素与企业动态能力的关系

冗余资源（或组织冗余）的概念最早源于 20 世纪 60 年代组织理论文献中，获得普遍认可的是 Bourgeois 在 1981 年提出的概念。他认为组织冗余是一种过量的、能随意使用的资源，是组织实质的或潜在的资源缓冲器，可以使组织在内部调整与外部变革的压力下主动依据外部环境而发起战略变革。

已有大量研究表明，冗余资源在一定条件下对企业创新能力存在积极作用（Cyert 和 March，1963；O'Brien，2003；方润生，2004；李晓翔等，2013；柏群和杨云，2020）。陈家淳（2018）通过实证研究发现沉淀性冗余与探索式或开发式创新投入都存在倒 U 形关系；王超发等（2020）研究发现，沉淀性资源与企业研发产出效果之间呈显著的正相关。赵息等（2017）研究发现，因为财务冗余具有可重新配置性，所以会增加公司的研发经费投入，对企业创新决策有积极的影响。冗余资源影响企业创新能力的原因，可能是由于冗余短期内更具有可识别的特征，股东和经理可以从财务数据上快速清楚地知道冗余的多少，从而调节自己的风险偏好。若冗余富足，经理则会对企业所处的战略定位更加自信，认为自己有更大的余地承受更多的风险，从而放宽内部资源的管制（Marian 等，2017；Pamela 等，2000），关注企业的长期收益（Yang 和 Chen，2017），而不是担心企业生存和自身职位，并开始尝试更加冒险的战略选择，或者加大投资风险高的研发项目（Nelson 和 Winter，1982），以期产出更多的创新成果（刘星和金占明，2017）。同样，冗余资源富足也可使股东更加关注企业长期收益而不是当期收益，风险高或不确定性高的研发项目能更容易得到董事会的支持。相反，冗余资源的缺乏会使得企业偏向保守。此外，冗余资源可以提高企业适应环境变化的能力（Cyert 和 March，1963）。方润生（2004）通过实证研究发现，物质资源冗余与非程序化抉择有显著的正相关关系，而非程序化决策是指管理者对企业管理活动中的那些没有固定的处理规则和特定解决办法的结构不良问题的一种管理活动，可以看成是一种适应企业内部和外部变化的管理活动。

有学者把冗余资源分为未吸收冗余资源与吸收冗余资源来研究。其中，未吸收的冗余资源包括组织内尚未配置但是即将被使用的流动性资源，如现金和有价证券等类现金。吸收的冗余资源是被组织作为成本吸收的资源，包括销售费用、管理费用、运营成本和人力资源等。不管是哪一类冗余资源，Boccardelli 和 Magnusson（2006）认为只要是企业资源存量增加，都能增加企业现有资源的灵便性，从而有助于提升动态能力。进一步地，Liao 等（2009）更是基于动态能力视角，探究了资源存量与创新能力、整合能力之间的关系，发现冗余资源能对整合能力产生显著的正向影响。

基于以上理论分析，提出如下假设：

H12：冗余资源与企业动态能力呈显著正相关关系。具体而言，吸收的冗余资源（H12.1）和非吸收的冗余资源（H12.2）对企业动态能力有显著正向影响。

## （五）外部环境层次因素与企业动态能力的关系

依据"环境—行为"研究范式，我国企业作为市场主体必然受到环境因素的影响。快速的技术变革与竞争对手的日益密集增加了企业长期绩效与生存的威胁，不少研究人员已探究出市场环境的波动与丰度是直接影响特殊情境下的企业行为的因素。本节从环境的动态性与产业政策视角来分析外部环境对企业动态能力的影响。

1. 环境动态性与企业动态能力的关系

环境动态性是指企业外部环境变化的高频度变动性或不可预测性，主要包括由技术快速变革等所导致的技术动态性（冯军政，2013）以及由顾客需求快速变化为核心、以市场化水平与政府管制（尹一军等，2021）为基础所导致的市场动态性（王凤彬和陈建勋，2011）。从技术层面来看，企业外部不断增强的环境异质性与不确定性为企业引入新的技术范式提供了动力和资源基础，环境动态性越大，企业管理者越倾向于凭借足够的压力与动力从不同信息来源对新技术与新资源进行梳理与整合（尹一军等，2021），从而及时获取并输出新的创意和想法以进行更多的技术探索与技术变革以提升企业高管团队的动态能力。从市场层面来看，市场环境的高动态性不仅迫使企业管理者用新的产品和技术应对变化，还激励企业基于竞争对手的异质性与顾客类型的多样化对市场需求产生更为丰富的行业领悟，这在更大程度上激发了企业高管所具备的以创新与冒险特质为主的企业家精神，有助于企业高管在高速变动环境中打破思维惯性与竞争惯性（韩庆兰和闵雨薇，2018）。有研究表明，在动荡的环境中，企业动态能力的价值能通过整合、构建和重新配置内外部环境以适应新的环境而得到凸显。即环境的动态性越大，企业越能及时调整策略与资源配置应对无法预知的变化以提升企业动态能力。

2. 产业政策与企业动态能力的关系

产业政策是政府干预市场化资源配置的一种手段，以此对企业的一些行为进行鼓励或限制。一般而言，中国政府都是以鼓励性政策为主，主要体现在对所处该产业中的企业进行政府补贴、税收优惠等。从企业内部效应来看，这种鼓励政策有利于降低企业的经营成本，提升其利润，进而吸引更多的资金投入该行业中来。这在一定程度上促进了该产业的发展，并有助于调整产业结构。同时，由于企业获利的可能性增大，企业既可以把更多的资金投入企业的研发和创新中来，也可以有富余的资金应对环境的变化，以更好地适应环境。从企业外部效应来看，产业政策的支持能促使企业资源配置结构实现优质转向（余明桂等，2016）。由于产业政策的支持，企业获利的可能性增加，会吸引社会资金流向该类企业，增强企业资源配置的灵便性，促进企业平稳发展，进而增强企业的竞争力。因此，产业政策有利于提升企业动态能力。

基于上述理论分析，提出如下假设：

H13：外部环境因素中的环境动态性（H13.1）和产业政策（H13.2）对企业动态能力有显著的正向影响。

## 二、研究方法

### （一）样本选择与数据来源

本书采用中国证监会行业分类标准，选择 2013~2019 年文化服务企业上市公司作为研究对象。之所以选择这个时间窗口，主要是因为随着文化体制改革的深入，文化产业成为各地新的经济增长点，文化服务企业由于改制也焕发出新的生机和活力。同时，由于信息技术快速迭代以及国际形势的复杂多变，使得文化服务企业所面临的环境更具复杂性和多变性，从而为本书实证研究提供了匹配的研究情景。本书通过国泰安数据库获取上市公司完整名单，参照《文化及相关产业分类（2018）》筛选企业的行业分类，并选择与文化相关的主营业务收入超过 50% 的企业，得到非平衡面板数据。为确保样本的科学性、合理性、有效性，剔除 ST、*ST 及 PT 类公司、被证监会暂停上市的公司以及因其他状况存在明显异常值的问题公司。2013~2019 年的有效样本数量分别为 82 家、87 家、99 家、108 家、122 家、122 家、125 家，总共 745 家。文化服务企业提供的数据主要来源于国泰安数据库，并对文化服务企业上市公司年报和附注信息等数据进行提取整理，得到研究的基础数据，采用 Stata16 软件对数据进行处理与分析。

## （二）变量测度

### 1. 企业家个人层次因素测度

企业家才能。Edgar 等（2005）将企业家的能力细化为 19 个指标，包括组织和评估商业机遇能力、决策能力、网络能力、口语交际能力等。Dimitratos 等（2014）认为企业家应该具备创新能力、风险承担能力、学习能力等。贺小刚和李新春（2005）从管理、战略、政府关系以及社会关系方面来评价企业家能力。寇元虎（2015）从行业资本、政府资本和创新洞察能力来评价企业家能力。大多数研究采取主观性较强的问卷调查形式，从而会影响企业家能力测量的客观性。利用上市公司数据，高明华等（2017）从人力资本、战略领导能力、关系网络能力、社会责任能力，薄文广等（2019）从政府关系能力、社会关系能力和专业能力，来测度企业家能力。由于企业董事长在企业决策中起到关键性作用，选取企业董事长个人的政治背景、海外背景、金融背景等指标构建企业家能力指标体系，用主成分分析法来度量企业家才能。企业家才能具体度量指标及含义如表 5.1 所示。

表 5.1　企业家才能度量指标及含义

| 企业家才能 | 含义 |
|---|---|
| 政治背景 | 任职状态：现任 = 2，未知 = 1.5，曾任 = 1，无政府背景 = 0<br>任职机构：中央 = 3，省市级 = 2，县区级 = 1，无 = 0 |
| 海外背景 | 海外任职或求学：有 = 1，无 = 0 |
| 金融背景 | 金融背景：有 = 1，无 = 0 |
| 年龄 | 取到观测年份企业家年龄 |
| 任职时间 | 取到观测年份的任职时间 |
| 学历职称 | 硕士及以上 = 2，本科 = 1，专科及以下 = 0<br>是否有高级职称：有 = 1，无 = 0 |

主成分表达式如下：

$$F_j = \sum_i z_{ij} X_i \tag{5.1}$$

式中，$F_j$ 为第 $j$ 个主成分，$X_i$ 表示指标标准化后的变量值，$z_{ij}$ 表示第 $j$ 个主成分在变量 $X_i$ 的成分得分系数。

计算企业家才能指标的综合评价公式如下：

$$TALENT = \sum_j m_j F_j \tag{5.2}$$

式中，$TALENT$ 为企业家才能指标综合得分，$m_j$ 为第 $j$ 个主成分的方差贡献率。

2. 高管团队层次因素测度

（1）高管团队经验。其测度采用与企业家才能类似的方法，包括高管团队年龄、行业经验、国际经验、社会经验、职能背景的异质性 5 个指标，表 5.2 对指标的测度进行了介绍。

表 5.2　高管团队经验度量指标及含义

| 高管团队经验 | 含义 |
|---|---|
| 高管团队年龄 | 年度末团队成员的平均年龄 |

| 高管团队经验 | 含义 |
|---|---|
| 高管团队行业经验 | 现任行业工作年限的平均值 |
| 高管团队国际经验 | 具有海外学习或工作经历的高管人数除以高管团队总人数 |
| 高管团队社会经验 | 从政背景比例 |
| 高管团队职能背景的异质性 | Blau's Categorical $= 1 - \sum\limits_{i}^{n} P_{ijt}^2$，$P_{ijt}$ 是 $j$ 公司在 $t$ 年的高管团队中第 $i$ 类职能背景成员所占的比例 |

高管团队职能经验异质性，采用 Tihanyi 等（2000）与杨林等（2020）的测度方法，将高管团队的职能背景划分为生产制造、研发设计、金融财会、市场营销、法律与企业管理，并对它们编码。然后，采用 Blau（1977）分类指数对团队职能经验异质性进行计算：

$$\text{Blau's Categorical} = 1 - \sum_{i}^{n} P_{ijt}^2 \tag{5.3}$$

式中，$P_{ijt}$ 为 $j$ 企业在 $t$ 年的高管团队中第 $i$ 类职能背景成员所占的比例，$n$ 为职能背景的类别数。Blau 分数指数的数值越接近 1，表明团队职能经验异质性越高。

高管团队行业经验。首先，选用样本公司所有高管人员在现任行业工作年限的平均值来测度，以此反映高管人员对行业资源、竞争对手、供应商等的熟悉程度。其次，根据式（5.1）计算高管团队经验的各个主成分。最后，使用式（5.2）的方法测算出高管团队经验综合指数。

（2）高管团队薪酬激励。参考以前学者的研究（如孙自愿等，2021），用公司前三名高管薪酬总额的均值表示。

3. 组织层面的因素测度

在动态能力影响因素的文献综述中，资源丰富的企业（包括闲置资源）都有利于企业动态能力的提升，因而从冗余资源的视角来研究组织层面的影响因素。

（1）未吸收冗余资源。这是包括组织内尚未配置但是即将被使用的流动性资源，如现金和有价证券等类现金（Singh，1986）借鉴解维敏和魏化情（2016）的做法，用企业速动比例减去该指标行业中值来度量相对于行业水平企业持有的过剩的未吸收冗余。该指标代表了企业短期内闲置或未充分利用的资源，未吸收冗余资源越高，表明企业在应对不确定环境变化时，有更多的资源可以用来整合重构。

（2）吸收冗余资源。这是被组织作为成本吸收的资源，如销售费用、管理费用、运营成本和人力资源等（Singh，1986）。用销售和管理费用与营业收入的比值减去该指标行业中值来度量吸收冗余资源。该指标越大，说明企业在动态环境中识别出机会后有更多的冗余资源去支持企业抓住机会，从而更好地适应环境变化。

4. 外部环境因素测度

（1）环境动态性。借鉴申慧慧等（2012）的做法，采用环境不确定性的变化来衡量企业环境的动态性，即采用本期的环境不确定性减去上一期的环境不确定性。

（2）产业政策。采用李骏等（2017）、黄先海等（2015）的做法，以政府补贴来度量产业政策。其中政府补贴＝政府补助－收到的税费返还。

# 三、检验结果

## （一）描述性统计

表5.3列出了主要变量的描述性统计。

表5.3　企业动态能力多层次影响因素实证分析各变量描述性统计

| 变量 | 数量 | 均值 | 标准差 | 最小值 | 最大值 |
|---|---|---|---|---|---|
| 动态能力 | 745 | 0.195 | 0.115 | 0.012 | 0.530 |
| 创新能力 | 745 | 0.141 | 0.143 | 0.002 | 0.523 |
| 整合能力 | 745 | 0.024 | 0.009 | 0.001 | 0.070 |
| 适应能力 | 745 | 0.028 | 0.021 | 0.003 | 0.179 |
| 企业规模 | 745 | 22.193 | 0.974 | 19.887 | 24.207 |
| 企业年龄 | 745 | 18.137 | 5.764 | 7.000 | 40.000 |
| 企业所有制性质 | 745 | 0.383 | 0.487 | 0 | 1.000 |
| 企业所有者权益 | 745 | 0.664 | 0.164 | 0.045 | 0.955 |
| 企业股权集中度 | 745 | 0.163 | 0.121 | 0.010 | 0.586 |
| 企业家才能 | 745 | 0.028 | 0.443 | −0.724 | 1.129 |
| 高管团队经验 | 745 | 0.056 | 0.276 | −1.165 | 2.284 |
| 高管薪酬激励 | 745 | 20.907 | 13.214 | 3.580 | 65.086 |
| 未吸收组织冗余 | 745 | 0.795 | 2.706 | −2.289 | 0.348 |
| 吸收组织冗余 | 745 | 0.023 | 0.107 | −0.146 | 0.672 |
| 政府补助 | 745 | 16.672 | 1.716 | 0 | 20.953 |
| 环境不确定性 | 745 | 0.375 | 0.242 | 0.006 | 1.089 |

由表可知，企业家才能最小值为-0.724，最大值为1.129，表明不同企业家才能之间差异较大，高管薪酬的差距也较大，最小值为3.580，最大值为65.086。此外，各企业间高管团队经验、政府补助等都呈现较大差异性。

## （二）企业家才能对企业动态能力影响的实证结果分析

### 1. 企业家才能的主成分分析

在度量企业家个人才能指标前，先做KMO测度和巴特利特球形检验，主要考察变量是否适合做因子分析。检验结果表明，KMO=0.720>0.6，适合做主成分分析，巴特利特球形检验的近似卡方统计值的显著性概率是0.000（<0.001），说明可以做因子分析（见表5.4）。

表5.4　变量的KMO和巴特利特球形检验

| 检验方法 | | 数值 |
|---|---|---|
| KMO样本测度 | | 0.720 |
| 巴特利特球形检验 | 近似卡方 | 813.27 |
| | 自由度 | 28 |
| | 显著性 | 0.000 |

采用主成分分析法，特征根大于1.0，得到经过正交转换后企业家才能影响要素的因子负载矩阵，所有影响要素不存在交叉载荷现象，并且因子负载大于0.5。这些表明企业家才能影响因子具有良好的内部结构。表5.5的分析结果表明，可以从企业家才能影响要素的8个项目中提取3个因素，这些因素累计解释的总体变异达到77.5%。对因素分析后的因素命名，有2个因素进

入 F1，4 个因素进入 F2，2 个因素进入 F3。根据因素归类的内容，将 3 个因素的内容命名为企业家才能影响要素的政府关系能力、专业能力、社会关系能力。

表 5.5　企业家才能影响因子的主成分分析结果

| 因子 | 测度变量 | 因子负荷 | | |
|---|---|---|---|---|
| | | F1 | F2 | F3 |
| 政府关系能力 | 政府背景 | 0.950 | 0.022 | 0.005 |
| | 任职机构 | 0.950 | 0.004 | -0.064 |
| 专业能力 | 年龄 | 0.140 | 0.795 | 0.009 |
| | 职称 | 0.072 | 0.639 | 0.298 |
| | 任职时间 | -0.320 | 0.571 | 0.082 |
| | 学历背景 | 0.217 | 0.752 | -0.133 |
| 社会关系能力 | 海外背景 | -0.148 | -0.205 | 0.704 |
| | 金融背景 | -0.127 | 0.219 | 0.769 |
| 特征值 | | 3.708 | 2.721 | 1.163 |
| 方差解释 | | 0.386 | 0.204 | 0.166 |
| 累计方差解释 | | 0.386 | 0.589 | 0.755 |

注：旋转方法：正交的方差极大法旋转。

## 2. 模型选择

在进行面板数据回归分析之前，先通过稳健 Hausman 检验来判断是固定效应还是随机效应，检验结果如表 5.6 所示。由表可知，企业家才能与企业动态能力的稳健 Hausman 检验对应的 p > 0.1，检验结果不能拒绝固定效应与随机效应无差异的原假设，因此选用随机效应模型进行分析。利用企业家才能及其各维度分别与创新能力、整合能力、适应能力做稳健 Hausman 检验。检验结果表明，企业家才能及其各维度与创新能力的稳健 Hausman 检验对应的 p > 0.1，与整合能力及适应能力的稳健 Hausman 检验的

p=0.000。因此，企业家才能及其各维度与创新能力回归选用随机效应模型分析，与整合能力及适应能力回归选用固定效应模型分析。基于篇幅，只列示了企业家才能与动态能力回归分析的稳健 Hausman 检验结果报告。

表5.6　企业家才能与企业动态能力回归分析的稳健 Hausman 检验结果

| 变量 | fe | re | difference | S. E. |
|---|---|---|---|---|
| 企业家才能 | 0.020 | 0.015 | 0.005 | 0.008 |
| 企业规模 | −0.027 | −0.011 | −0.016 | 0.005 |
| 企业年龄 | 0.002 | −0.000 | 0.003 | 0.002 |
| 企业所有制性质 | −0.013 | −0.009 | −0.003 | 0.038 |
| 企业所有者权益比例 | 0.026 | 0.035 | −0.009 | 0.017 |
| 企业股权集中度 | −0.142 | −0.051 | −0.091 | 0.053 |
| Chi2 (6) | 10.240 | | | |
| Prob>chi2 | 0.1148 | | | |

3. 企业家才能与企业动态能力关系的回归分析

首先，就企业家才能综合指数对企业动态能力的影响结果展开分析；其次，进一步探究企业家才能各维度对企业动态能力的影响，以更好地识别出在企业家个人层次中对企业动态能力影响的关键因素。

（1）企业家才能与企业动态能力关系的回归结果。表5.7列示了企业家才能对企业动态能力的回归结果。由表可知，企业规模对企业动态能力产生显著的负向影响，企业所有者权益比例对企业动态能力产生显著的正向影响，企业年龄、企业所有制性质、企业股权集中度与企业动态能力之间不存在显著相关性。在此基础上，引入企业家才能、政府关系能力、专业能力与社会关系能力，在模型2和模型3中企业家才能（$\beta=0.015$，p<0.01）、政府关系能力（$\beta=0.005$，p<0.05）与企业动态能力具有显著正

向关系，在模型 4 和模型 5 中专业能力（$\beta = 0.003$，p>0.1）与社会关系能力（$\beta = 0.004$，p>0.1）均与企业动态能力之间不存在显著的相关关系。

表5.7　企业家才能对企业动态能力的回归结果

| 变量 | 模型 1 | 模型 2 | 模型 3 | 模型 4 | 模型 5 |
|---|---|---|---|---|---|
| 企业家才能 | | 0.015***<br>(2.95) | | | |
| 政府关系能力 | | | 0.005**<br>(2.44) | | |
| 专业能力 | | | | 0.003<br>(0.95) | |
| 社会关系能力 | | | | | 0.004<br>(1.04) |
| 企业规模 | −0.012***<br>(−3.00) | −0.009***<br>(−2.75) | −0.010***<br>(−2.81) | −0.011***<br>(−2.83) | −0.011***<br>(−2.86) |
| 企业年龄 | −0.001<br>(−0.18) | −0.001<br>(−0.17) | −0.001<br>(−0.11) | −0.001<br>(−0.28) | −0.001<br>(−0.17) |
| 企业所有制性质 | −0.014<br>(−1.35) | −0.009<br>(−0.88) | −0.009<br>(−0.87) | −0.013<br>(−1.29) | −0.015<br>(−1.47) |
| 企业所有者权益比例 | 0.036*<br>(1.87) | 0.034*<br>(1.77) | 0.036*<br>(1.84) | 0.036*<br>(1.80) | 0.036*<br>(1.83) |
| 企业股权集中度 | −0.055<br>(−1.60) | −0.051<br>(−1.50) | −0.054<br>(−1.58) | −0.054<br>(−1.56) | −0.053<br>(−1.53) |
| 时间效应 | 控制 | 控制 | 控制 | 控制 | 控制 |
| 地区效应 | 控制 | 控制 | 控制 | 控制 | 控制 |
| 调整 $R^2$ | 0.100 | 0.114 | 0.110 | 0.106 | 0.103 |

注：括号内数字为 T 检验值，***、**、* 分别表示在 1%、5% 和 10% 的水平显著。N = 745。

（2）企业家才能与创新能力关系的回归分析。表5.8列示了企业家才能对企业创新能力的回归结果。由表可知，企业规模与企业股权集中度对企业创新能力产生显著的负向影响，企业所有者权益比例对企业创新能力产生显著的正向影响，企业年龄、企业所有制性质与企业创新能力之间不存在显著相关性。在此基础上，引入企业家才能、政府关系能力、专业能力与社会关系能力，在模型2和模型3中企业家能力（$\beta = 0.014$，$p<0.1$）、政府关系能力（$\beta = 0.004$，$p<0.05$）与企业创新能力具有显著正向关系，在模型4和模型5中，专业能力（$\beta = 0.003$，$p>0.1$）、社会关系能力（$\beta = 0.003$，$p>0.1$）与企业创新能力之间不具有显著相关关系。

表5.8　企业家才能对企业创新能力的回归结果

| 变量 | 模型1 | 模型2 | 模型3 | 模型4 | 模型5 |
|---|---|---|---|---|---|
| 企业家才能 | | 0.014 *<br>（1.92） | | | |
| 政府关系能力 | | | 0.004 **<br>（2.32） | | |
| 专业能力 | | | | 0.003<br>（0.94） | |
| 社会关系能力 | | | | | 0.003<br>（0.98） |
| 企业规模 | -0.010 ***<br>（-3.00） | -0.009 **<br>（-2.50） | -0.09 ***<br>（-2.68） | -0.009 **<br>（-2.37） | -0.010 **<br>（-2.42） |
| 企业年龄 | -0.000<br>（-0.25） | -0.000<br>（-0.24） | -0.000<br>（-0.18） | -0.000<br>（-0.34） | -0.000<br>（-0.23） |
| 企业所有制性质 | -0.012<br>（-1.16） | -0.009<br>（-0.88） | -0.008<br>（-0.71） | -0.011<br>（-1.10） | -0.013<br>（-1.28） |
| 企业所有者权益比例 | 0.049 **<br>（2.48） | 0.047 **<br>（2.38） | 0.048 **<br>（2.45） | 0.047 **<br>（1.41） | 0.048 **<br>（1.44） |
| 企业股权集中度 | -0.067 *<br>（-1.95） | -0.063 *<br>（-1.84） | -0.066 *<br>（-1.92） | -0.066 *<br>（-1.91） | -0.064 *<br>（-1.88） |
| 时间效应 | 控制 | 控制 | 控制 | 控制 | 控制 |
| 地区效应 | 控制 | 控制 | 控制 | 控制 | 控制 |
| 调整 $R^2$ | 0.102 | 0.113 | 0.108 | 0.106 | 0.104 |

注：括号内数字为T检验值，***、**、*分别表示在1%、5%和10%的水平显著。$N = 745$。

　　（3）企业家才能与整合能力关系的回归分析。表5.9列示了企业家才能对企业整合能力的回归结果。由表可知，企业规模对企业整合能力产生显著的负向影响，企业年龄、企业所有者权益比例对企业整合能力产生显著的正向影响，企业所有制性质、企业股权集中度与企业整合能力之间不存在显著相关性。在此基础上，引入企业家才能、政府关系能力、专业能力与社会关系能力，在模型2、模型3和模型4中企业家才能（$\beta = 0.006$，p<0.05）、政府关系能力（$\beta = 0.002$，p<0.05）、专业能力（$\beta = 0.004$，p<0.05）与企业整合能力具有显著正向关系，在模型5中社会关系能力（$\beta = 0.001$，p>0.1）与企业整合能力之间不存在显著相关关系。

表5.9　企业家才能对企业整合能力的回归结果

| 变量 | 模型1 | 模型2 | 模型3 | 模型4 | 模型5 |
|---|---|---|---|---|---|
| 企业家才能 | | 0.006** (2.23) | | | |
| 政府关系能力 | | | 0.002** (2.14) | | |
| 专业能力 | | | | 0.004** (1.99) | |
| 社会关系能力 | | | | | 0.001 (0.87) |
| 企业规模 | −0.015*** (−5.82) | −0.011*** (−5.65) | −0.013*** (−5.78) | −0.012*** (−5.72) | −0.016*** (−5.87) |
| 企业年龄 | 0.002*** (2.62) | 0.002** (2.47) | 0.002*** (2.45) | 0.002** (2.41) | 0.002** (2.60) |
| 企业所有制性质 | 0.016 (1.03) | 0.019 (1.16) | 0.016 (1.03) | 0.019 (1.24) | 0.016 (1.03) |
| 企业所有者权益比例 | 0.034*** (3.17) | 0.024*** (3.09) | 0.031*** (3.16) | 0.028*** (3.12) | 0.034*** (3.17) |

续表

| 变量 | 模型 1 | 模型 2 | 模型 3 | 模型 4 | 模型 5 |
|---|---|---|---|---|---|
| 企业股权集中度 | 0.007<br>(0.29) | 0.009<br>(0.34) | 0.008<br>(0.30) | 0.007<br>(0.29) | 0.007<br>(0.29) |
| 时间效应 | 控制 | 控制 | 控制 | 控制 | 控制 |
| 地区效应 | 控制 | 控制 | 控制 | 控制 | 控制 |
| 调整 $R^2$ | 0.031 | 0.037 | 0.035 | 0.032 | 0.031 |

注：括号内数字为 T 检验值，\*\*\*、\*\*、\* 分别表示在 1%、5% 和 10% 的水平显著。N＝745。

（4）企业家才能与适应能力关系的回归分析。表 5.10 列示了企业家才能对企业适应能力的回归结果。由表可知，企业规模对企业适应能力产生显著的负向影响，企业年龄、企业所有者权益比例对企业适应能力产生显著的正向影响，企业所有制性质、企业股权集中度与企业适应能力之间不存在显著相关性。在此基础上，引入企业家才能、政府关系能力、专业能力与社会关系能力，在模型 4 中专业能力（$\beta=0.003$，p<0.1）与企业适应能力具有显著正向关系，在模型 2、模型 3 和模型 5 中企业家才能、政府关系能力及社会关系能力与企业适应能力之间均不存在显著相关关系。

表 5.10　企业家才能对企业适应能力的回归结果

| 变量 | 模型 1 | 模型 2 | 模型 3 | 模型 4 | 模型 5 |
|---|---|---|---|---|---|
| 企业家才能 | | 0.005<br>(1.23) | | | |
| 政府关系能力 | | | 0.000<br>(0.08) | | |
| 专业能力 | | | | 0.003\*<br>(1.95) | |

| 变量 | 模型 1 | 模型 2 | 模型 3 | 模型 4 | 模型 5 |
|---|---|---|---|---|---|
| 社会关系能力 | | | | | 0.001<br>(0.87) |
| 企业规模 | −0.016***<br>(−5.87) | −0.015***<br>(−5.80) | −0.015***<br>(−5.83) | −0.015***<br>(−5.87) | −0.016***<br>(−5.87) |
| 企业年龄 | 0.002***<br>(2.66) | 0.002**<br>(2.51) | 0.002***<br>(2.65) | 0.002**<br>(2.45) | 0.002**<br>(2.60) |
| 企业所有制性质 | 0.016<br>(1.02) | 0.018<br>(1.15) | 0.016<br>(1.03) | 0.020<br>(1.23) | 0.016<br>(1.03) |
| 企业所有者权益比例 | 0.034***<br>(3.24) | 0.034***<br>(3.22) | 0.034***<br>(3.16) | 0.033***<br>(3.16) | 0.034***<br>(3.17) |
| 企业股权集中度 | 0.006<br>(0.27) | 0.008<br>(0.31) | 0.007<br>(0.27) | 0.004<br>(0.17) | 0.007<br>(0.29) |
| 时间效应 | 控制 | 控制 | 控制 | 控制 | 控制 |
| 地区效应 | 控制 | 控制 | 控制 | 控制 | 控制 |
| 调整 $R^2$ | 0.031 | 0.032 | 0.032 | 0.033 | 0.032 |

注：括号内数字为 T 检验值，***、**、* 分别表示在 1%、5% 和 10% 的水平显著。$N = 745$。

从上面的分析可以看出，企业家才能对企业动态能力产生显著影响，具体到动态能力的各个维度，企业家才能对企业创新能力、整合能力产生显著正向影响，政府关系能力对企业动态能力、创新能力、整合能力产生显著正向影响，企业家专业能力对企业整合能力与适应能力产生显著正向影响，但是企业家社会关系能力对企业动态能力及动态能力各维度不具有显著影响关系。因此，H10.1 和 H10.2 部分通过检验，H10.3 没有通过检验。

4. 稳健性分析

从前文分析可知，具有政府关系能力的企业家更有助于提升企业动态能力，但是从识别角度来看，企业家是否具有政府工作经历并不是随机选择，有可能是更有能力的人进入政府部门，在有了政府工作经历之后再进入企业，从而导致选择性偏误。这种选择性偏误可能会导致政府关系能力对企业动态能力影响的研究产生系统性误差。为此，采用倾向得分匹配法来缓解有可能存在的自选择问题。其基本思路是如果针对每一个有政府工作经历的企业家，能够用一定方法找到其他方面都非常类似，但是又没有进入政府工作的参照者，那么就近似地找到了两个相似的人，一个具有政府工作经历，另一个没有政府工作经历，然后对这两位企业家所在的企业动态能力进行比较，则可以反映企业动态能力是不是由企业家政府工作经历所带来的影响。采用近邻匹配法对样本进行 1∶1 匹配，在运用倾向得分匹配方法估计前，对匹配结果进行平衡性检验与共同支撑检验。结果表明，处理组与对照组在所有观察特征上不存在显著性差异。采用自助法进行回归，以便让标准误更加可信。匹配成功的数据为 152 家企业。其检验结果如表 5.11 所示。检验结果表明，企业家具有政府工作经历与企业动态能力、创新能力及整合能力之间存在显著正向关系，但是与企业适应能力之间不存在显著因果关系。另外，采用核匹配方法进行讨论，所得结论与之类似。这些都表明有政府工作经历的企业家对企业动态能力、创新能力、整合能力具有显著正向影响关系的结论稳健。

表 5.11　政府工作经历与企业动态能力（倾向得分匹配检验）

| 变量 | 方法 | 处理组 | 控制组 | 差价 | 标准差 | T 统计量 |
|------|------|--------|--------|------|--------|----------|
| 动态能力 | ATT | 0.059 | 0.031 | 0.028 | 0.014 | 2.01 |
| 创新能力 | ATT | 0.046 | 0.020 | 0.026 | 0.013 | 1.87 |
| 整合能力 | ATT | 0.051 | 0.022 | 0.029 | 0.013 | 2.23 |
| 适应能力 | ATT | 0.008 | 0.007 | 0.001 | 0.0007 | 1.42 |

## （三）高管团队层次对企业动态能力影响的实证结果分析

1. 高管团队经验的主成分分析

在度量高管团队经验指标前，先进行 KMO 测度和巴特利特球形检验，主要考察变量是否适合做因子分析。检验结果表明，KMO = 0.67 > 0.6，适合做主成分分析，巴特利特球形检验的近似卡方统计值的显著性概率是 p = 0.000（< 0.001），说明可以做因子分析（见表 5.12）。

表 5.12  KMO 和巴特利特球体检验

| 检验方法 | | 数值 |
| --- | --- | --- |
| KMO 样本测度 | | 0.67 |
| 巴特利特球形检验 | 近似卡方 | 149.20 |
| | 自由度 | 15 |
| | 显著性 | 0.000 |

从表 5.13 可以看出，特征根大于 1.0，得到经过正交转换后高管团队影响要素的因子负载矩阵，所有影响要素不存在交叉载荷现象，并且因子负载大于 0.5。这些表明高管团队层次影响因子具有良好的内部结构。分析结果表明，可以从高管团队层次影响要素的 5 个项目中提取 2 个因素，这些因素累计解释的总体变异达到 64.1%。对因素分析后的因素命名，有 3 个因素进入 F1，2 个因素进入 F2。根据因素归类的内容，分别将因素的内容命名为高管团队经验与高管团队背景。

表 5.13　高管团队层次影响因子的主成分分析结果

| 因子 | 测度变量 | 因子负荷 | |
|---|---|---|---|
| | | F1 | F2 |
| 高管团队经验 | 工作经验 | 0.675 | 0.318 |
| | 政府经历 | 0.703 | -0.008 |
| | 年龄 | 0.803 | 0.204 |
| 高管团队背景 | 职能背景的异质性 | -0.317 | 0.605 |
| | 海外背景 | 0.296 | 0.589 |
| 特征值 | | 1.971 | 1.253 |
| 方差解释 | | 0.425 | 0.216 |
| 累计方差解释 | | 0.425 | 0.641 |

注：旋转方法：正交的方差极大法旋转。

## 2. 模型选择

在进行面板数据回归分析前，先通过稳健 Hausman 检验来判断固定效应还是随机效应，检验结果表明高管团队经验与企业动态能力的稳健 Hausman 检验对应的 p>0.1，检验结果不能拒绝固定效应与随机效应无差异的原假设，因此选用随机效应模型进行分析（见表 5.14）。利用高管团队经验分别与创新能力、整合能力、适应能力做稳健 Hausman 检验。检验结果表明，高管团队经验与创新能力的稳健 Hausman 检验对应的 p>0.1，与整合能力及适应能力的稳健 Hausman 检验的 p=0.000。因此，高管团队经验与创新能力回归选用随机效应模型分析，与整合能力及适应能力回归选用固定效应模型回归来分析。基于篇幅，只列示了高管团队经验与动态能力回归分析的稳健 Hausman 检验结果报告。

表 5.14　高管团队经验与企业动态能力回归分析的稳健 Hausman 检验结果

| 变量 | 固定效应 | 随机效应 | 差值 | 标准差 |
|---|---|---|---|---|
| 高管团队经验 | 0.009 | 0.008 | 0.001 | 0.003 |
| 企业规模 | −0.041 | −0.026 | −0.015 | 0.005 |
| 企业年龄 | 0.005 | 0.002 | 0.003 | 0.002 |
| 企业所有制性质 | −0.011 | −0.002 | 0.009 | 0.038 |
| 企业所有者权益比例 | 0.016 | 0.027 | −0.009 | 0.017 |
| 企业股权集中度 | −0.220 | −0.135 | −0.085 | 0.053 |
| Chi2（6） | 10.540 | | | |
| Prob>chi2 | 0.104 | | | |

### 3. 高管团队经验对企业动态能力回归分析

表 5.15 列示了高管团队经验对企业动态能力的回归结果。由表可知，企业规模与企业股权集中度对企业动态能力、创新能力产生显著负向影响，企业规模对整合能力与适应能力产生显著负向影响，企业年龄、企业所有者权益比例对企业整合能力与适应能力产生显著正向影响。接下来，具体分析企业高管团队经验对企业动态能力及其各维度的影响。在模型 1 和模型 2 中高管团队经验的系数分别为（$\beta = 0.008$，$p < 0.05$）、（$\beta = 0.009$，$p < 0.05$），表明高管团队经验对企业动态能力及创新能力具有显著正向关系，在模型 3 和模型 4 中高管团队经验的系数分别为（$\beta = 0.001$，$p > 0.1$）、（$\beta = 0.002$，$p > 0.1$），表明高管团队经验对企业整合能力及适应能力之间不存在显著相关关系。H11.1 部分得到实证支持。

表 5.15　高管团队经验对企业动态能力的回归结果

| 变量 | 模型 1 动态能力 | 模型 2 创新能力 | 模型 3 整合能力 | 模型 4 适应能力 |
|---|---|---|---|---|
| 高管团队经验 | 0.008 ** (2.08) | 0.009 ** (2.12) | 0.001 (0.56) | 0.002 (0.57) |

| 变量 | 模型 1<br>动态能力 | 模型 2<br>创新能力 | 模型 3<br>整合能力 | 模型 4<br>适应能力 |
|---|---|---|---|---|
| 企业规模 | -0.026 ***<br>(-3.55) | -0.023 ***<br>(-3.55) | -0.015 ***<br>(-5.85) | -0.016 ***<br>(-5.87) |
| 企业年龄 | 0.002<br>(0.96) | 0.002<br>(0.96) | 0.001 ***<br>(2.69) | 0.001 ***<br>(2.70) |
| 企业所有制性质 | -0.002<br>(-0.04) | -0.002<br>(-0.04) | 0.015<br>(0.96) | 0.015<br>(0.97) |
| 企业所有者权益比例 | 0.027<br>(1.04) | 0.031<br>(1.30) | 0.034 ***<br>(3.21) | 0.035 ***<br>(3.22) |
| 企业股权集中度 | -0.135 **<br>(-2.14) | -0.137 **<br>(-2.16) | 0.006<br>(0.25) | 0.006<br>(0.25) |
| 时间效应 | 控制 | 控制 | 控制 | 控制 |
| 地区效应 | 控制 | 控制 | 控制 | 控制 |
| 调整 $R^2$ | 0.076 | 0.081 | 0.032 | 0.033 |

注：括号内数字为 T 检验值，\*\*\*、\*\*、\* 分别表示在 1%、5% 和 10% 的水平显著。N=745。

### 4. 高管薪酬激励对企业动态能力回归分析

表 5.16 列示了高管薪酬激励对企业动态能力的回归结果。由表可知，企业规模与企业股权集中度对企业动态能力、创新能力产生显著负向影响，企业规模对整合能力与适应能力产生显著负向影响，而企业年龄、企业所有者权益比例对企业整合能力与适应能力产生显著正向影响。接下来，具体分析企业高管薪酬激励对企业动态能力及其各维度的影响。在模型 1 至模型 4 中高管薪酬激励的系数分别为（$\beta$=0.012，p<0.01）、（$\beta$=0.014，p<0.01），（$\beta$=0.004，p<0.1）、（$\beta$=0.005，p<0.1），表明高管薪酬激励对企业动态能力及其各维度具有显著正向关系。H11.2 得到实证支持。

表 5.16　高管薪酬激励对企业动态能力的回归结果

| 变量 | 模型 1<br>动态能力 | 模型 2<br>创新能力 | 模型 3<br>整合能力 | 模型 4<br>适应能力 |
|---|---|---|---|---|
| 高管薪酬激励 | 0.012***<br>（3.08） | 0.014***<br>（3.12） | 0.004*<br>（1.76） | 0.005*<br>（1.87） |
| 企业规模 | −0.023***<br>（−3.24） | −0.021***<br>（−3.19） | −0.013***<br>（−5.85） | −0.014***<br>（−5.87） |
| 企业年龄 | 0.002<br>（0.94） | 0.002<br>（0.93） | 0.001***<br>（2.61） | 0.001***<br>（2.65） |
| 企业所有制<br>性质 | −0.004<br>（−0.04） | −0.003<br>（−0.04） | 0.019<br>（0.92） | 0.021<br>（0.94） |
| 企业所有者权益比例 | 0.025<br>（1.02） | 0.029<br>（1.19） | 0.034***<br>（3.07） | 0.035***<br>（3.09） |
| 企业股权集中度 | −0.113**<br>（−2.07） | −0.132**<br>（−2.18） | 0.007<br>（0.26） | 0.006<br>（0.24） |
| 时间效应 | 控制 | 控制 | 控制 | 控制 |
| 地区效应 | 控制 | 控制 | 控制 | 控制 |
| 调整 $R^2$ | 0.069 | 0.074 | 0.035 | 0.037 |

注：括号内数字为 T 检验值，***、**、*分别表示在 1%、5% 和 10% 的水平显著。
N = 745。

## （四）组织层次对企业动态能力影响的实证结果分析

### 1. 模型选择

在进行面板数据回归分析前，先通过稳健 Hausman 检验来判断是固定效应还是随机效应，检验结果表明吸收冗余资源与企业动态能力的稳健 Hausman 检验对应的 p>0.1，检验结果不能拒绝固定效应与随机效应无差异的原假设，因此选用随机效应模型进行分析（见表 5.17）。利用吸收冗余资源分别与创新能力、整合能力、适应能力做稳健 Hausman 检验。检验结果表明，吸收冗余资源与创新能力的稳健 Hausman 检验对应的 p>0.1，与整合能力及适应能力的稳健 Hausman 检验的 p＝0.000。因此，吸收冗余资源与创新能力回归选用随机效应模型分析，与整合能力及适应能力回归选用固定效应模型回归。此外，对非吸收冗余资源与企业动态能力影响的模型采用同样的方法进行检验，非吸收冗余资源与吸收冗余资源结果类似。

2. 吸收冗余资源对企业动态能力的回归结果分析

表 5.17 列示了吸收冗余资源对企业动态能力的回归结果。由表可知，企业规模与企业股权集中度对企业动态能力、创新能力产生显著负向影响，企业规模对整合能力与适应能力产生显著负向影响，而企业年龄、企业所有者权益比例对企业整合能力与适应能力产生显著正向影响。接下来，具体分析吸收冗余资源对企业动态能力及其各维度的影响。在模型 1 至模型 4 中吸收冗余资源的系数分别为（$\beta=0.007$，$p<0.01$）、（$\beta=0.005$，$p<0.01$），（$\beta=0.002$，$p<0.05$）、（$\beta=0.003$，$p<0.05$），表明吸收冗余资源对企业动态能力及其各维度具有显著正向关系。H12.1 得到实证支持。

表 5.17　吸收冗余资源对企业动态能力的回归结果

| 变量 | 模型 1 动态能力 | 模型 2 创新能力 | 模型 3 整合能力 | 模型 4 适应能力 |
| --- | --- | --- | --- | --- |
| 吸收冗余资源 | 0.007 *** (5.86) | 0.005 *** (4.72) | 0.002 ** (2.15) | 0.003 ** (2.29) |
| 企业规模 | −0.025 *** (−4.12) | −0.022 *** (−3.49) | −0.011 *** (−5.26) | −0.013 *** (−5.31) |
| 企业年龄 | 0.001 (0.73) | 0.002 (0.95) | 0.001 *** (2.62) | 0.001 *** (2.66) |
| 企业所有制 | −0.003 (−0.03) | −0.005 (−0.06) | 0.017 (0.87) | 0.021 (0.93) |
| 企业所有者权益比例 | 0.031 (1.24) | 0.029 (1.17) | 0.032 *** (3.02) | 0.034 *** (3.07) |

续表

| 变量 | 模型 1<br>动态能力 | 模型 2<br>创新能力 | 模型 3<br>整合能力 | 模型 4<br>适应能力 |
|---|---|---|---|---|
| 企业股权集中度 | -0.115**<br>(-2.17) | -0.137**<br>(-2.21) | 0.006<br>(0.25) | 0.007<br>(0.26) |
| 时间效应 | 控制 | 控制 | 控制 | 控制 |
| 地区效应 | 控制 | 控制 | 控制 | 控制 |
| 调整 $R^2$ | 0.075 | 0.071 | 0.034 | 0.038 |

注：括号内数字为 T 检验值，***、**、* 分别表示在 1%、5% 和 10% 的水平显著。
N = 745。

### 3. 非吸收冗余资源对企业动态能力的回归结果分析

表 5.18 列示了非吸收冗余资源对企业动态能力的回归结果。由表可知，企业规模与企业股权集中度对企业动态能力、创新能力产生显著负向影响，企业规模对整合能力与适应能力产生显著负向影响，而企业年龄、企业所有者权益比例对企业整合能力与适应能力产生显著正向影响。接下来，具体分析非吸收冗余资源对企业动态能力及其各维度的影响。在模型 1、模型 3 和模型 4 中非吸收冗余资源的系数分别为（$\beta = 0.005$，$p < 0.05$）、（$\beta = 0.003$，$p < 0.05$）、（$\beta = 0.005$，$p < 0.01$），表明非吸收冗余资源对企业动态能力、整合能力与适应能力具有显著正向影响关系，但是模型 2 中非吸收冗余资源对创新能力的影响系数（$\beta = -0.004$，$p > 0.1$），表明非吸收冗余资源对创新能力不具有显著影响。H12.2 部分得到实证支持。

表 5.18 非吸收冗余资源对企业动态能力的回归结果

| 变量 | 模型 1<br>动态能力 | 模型 2<br>创新能力 | 模型 3<br>整合能力 | 模型 4<br>适应能力 |
|---|---|---|---|---|
| 非吸收冗余<br>资源 | 0.005**<br>(2.12) | -0.004<br>(0.72) | 0.003**<br>(2.39) | 0.005***<br>(4.77) |

续表

| 变量 | 模型 1<br>动态能力 | 模型 2<br>创新能力 | 模型 3<br>整合能力 | 模型 4<br>适应能力 |
|---|---|---|---|---|
| 企业规模 | -0.026 ***<br>(-4.42) | -0.023 ***<br>(-3.63) | -0.009 ***<br>(-4.65) | -0.010 ***<br>(-4.79) |
| 企业年龄 | 0.001<br>(0.72) | 0.002<br>(0.97) | 0.001 **<br>(2.49) | 0.001 **<br>(2.41) |
| 企业所有制<br>性质 | -0.002<br>(-0.02) | -0.005<br>(-0.05) | 0.017<br>(0.85) | 0.024<br>(1.12) |
| 企业所有者权益比例 | 0.035<br>(1.24) | 0.029<br>(1.17) | 0.031 ***<br>(2.97) | 0.033 ***<br>(3.01) |
| 企业股权集中度 | -0.113 **<br>(-2.14) | -0.139 **<br>(-2.16) | 0.006<br>(0.25) | 0.006<br>(0.26) |
| 时间效应 | 控制 | 控制 | 控制 | 控制 |
| 地区效应 | 控制 | 控制 | 控制 | 控制 |
| 调整 $R^2$ | 0.067 | 0.065 | 0.035 | 0.041 |

注：括号内数字为 T 检验值，***、**、* 分别表示在 1%、5% 和 10% 的水平显著。N = 745。

## （五）外部环境层次对企业动态能力影响的实证结果分析

### 1. 模型选择

在进行面板数据回归分析前，先通过稳健 Hausman 检验来判断是固定效应还是随机效应，检验结果表明，产业政策与企业动态能力的稳健 Hausman 检验对应的 p>0.1，检验结果不能拒绝固定效应与随机效应无差异的原假设，因此选用随机效应模型进行分析。利用产业政策分别与创新能力、整合能力、适应能力做稳健 Hausman 检验。检验结果表明，产业政策与创新能力的稳健 Hausman 检验对应的 p>0.1，与整合能力及适应能力的稳健 Hausman 检验的 p=0.000。因此，产业政策与创新能力回归选用随机效应模型分析，与整合能力及适应能力回归选用固定效应模型分析。采用同样的方法，环境动态性的模型选择结果与产业政策一致。

2. 环境动态性对企业动态能力的回归结果分析

表5.19列示了环境动态性对企业动态能力的回归结果。由表可知，企业规模与企业股权集中度对企业动态能力、创新能力产生显著负向影响，企业规模对整合能力与适应能力产生显著负向影响，而企业年龄、企业所有者权益比例对企业整合能力与适应能力产生显著正向影响。接下来，具体分析环境动态性对企业动态能力及其各维度的影响。在模型1、模型2和模型3中环境动态性的系数分别为（$\beta = 0.054$，$p < 0.05$）、（$\beta = 0.057$，$p < 0.05$）、（$\beta = 0.006$，$p < 0.05$），表明环境动态性对企业动态能力、创新能力与整合能力具有显著正向影响关系，但是模型4中环境动态性对适应能力的影响系数（$\beta = 0.002$，$p > 0.1$），表明环境动态性对适应能力不具有显著影响。H13.1部分得到实证支持。

表 5.19 环境动态性对企业动态能力的回归结果

| 变量 | 模型 1<br>动态能力 | 模型 2<br>创新能力 | 模型 3<br>整合能力 | 模型 4<br>适应能力 |
|---|---|---|---|---|
| 环境动态性 | 0.054**<br>（2.36） | 0.057**<br>（2.48） | 0.006**<br>（2.39） | 0.002<br>（1.31） |
| 企业规模 | -0.027***<br>（-4.07） | -0.023***<br>（-3.60） | -0.015***<br>（-5.80） | -0.014***<br>（-5.76） |
| 企业年龄 | 0.002<br>（1.27） | 0.001<br>（0.65） | 0.002***<br>（2.61） | 0.002***<br>（2.65） |
| 企业所有制<br>性质 | -0.004<br>（-0.11） | -0.007<br>（-0.20） | 0.016<br>（1.02） | 0.017<br>（1.05） |
| 所有者权益比例 | 0.021<br>（0.75） | 0.033<br>（1.14） | 0.032***<br>（3.35） | 0.037***<br>（3.45） |

| 变量 | 模型 1<br>动态能力 | 模型 2<br>创新能力 | 模型 3<br>整合能力 | 模型 4<br>适应能力 |
|---|---|---|---|---|
| 企业股权集中度 | -0.138**<br>(-2.18) | -0.139**<br>(-2.20) | 0.007<br>(0.29) | 0.006<br>(0.27) |
| 时间效应 | 控制 | 控制 | 控制 | 控制 |
| 地区效应 | 控制 | 控制 | 控制 | 控制 |
| 调整 R² | 0.068 | 0.074 | 0.044 | 0.032 |

注：括号内数字为 T 检验值，\*\*\*、\*\*、\* 分别表示在 1%、5% 和 10% 的水平显著。N=745。

### 3. 产业政策对企业动态能力的回归结果分析

表 5.20 列示了产业政策对企业动态能力的回归结果。由表可知，企业规模与企业股权集中度对企业动态能力、创新能力产生显著负向影响，企业规模对整合能力与适应能力产生显著负向影响，而企业年龄、企业所有者权益比例对企业整合能力与适应能力产生显著正向影响。接下来，具体分析产业政策对企业动态能力及其各维度的影响。在模型 1 至模型 4 中产业政策的系数分别为（$\beta = -0.015$，$p > 0.1$）、（$\beta = -0.025$，$p > 0.1$）、（$\beta = -0.005$，$p > 0.1$）、（$\beta = -0.004$，$p > 0.1$），表明产业政策对动态能力不具有显著影响。H13.2 部分得到实证支持。

表 5.20 产业政策对企业动态能力的回归结果

| 变量 | 模型 1<br>动态能力 | 模型 2<br>创新能力 | 模型 3<br>整合能力 | 模型 4<br>适应能力 |
|---|---|---|---|---|
| 产业政策 | -0.015<br>(-0.51) | -0.025<br>(-0.72) | -0.005<br>(-0.39) | -0.004<br>(-0.31) |
| 企业规模 | -0.026***<br>(-3.19) | -0.021***<br>(-2.64) | -0.011***<br>(-7.01) | -0.012***<br>(-7.04) |
| 企业年龄 | 0.002<br>(0.92) | 0.001<br>(0.65) | 0.001***<br>(3.46) | 0.001**<br>(2.37) |

续表

| 变量 | 模型 1<br>动态能力 | 模型 2<br>创新能力 | 模型 3<br>整合能力 | 模型 4<br>适应能力 |
|---|---|---|---|---|
| 企业所有制性质 | −0.003<br>(−0.08) | −0.005<br>(−0.12) | 0.017<br>(0.85) | 0.018<br>(0.87) |
| 企业所有者权益比例 | 0.023<br>(0.77) | 0.031<br>(1.04) | 0.034***<br>(3.39) | 0.036***<br>(3.42) |
| 企业股权集中度 | −0.142**<br>(−2.06) | −0.141**<br>(−2.05) | 0.007<br>(0.29) | 0.007<br>(0.26) |
| 时间效应 | 控制 | 控制 | 控制 | 控制 |
| 地区效应 | 控制 | 控制 | 控制 | 控制 |
| 调整 $R^2$ | 0.066 | 0.072 | 0.036 | 0.037 |

注：括号内数字为 T 检验值，***、**、* 分别表示在 1%、5% 和 10% 的水平显著。N=745。

导致这种结果的原因可能是鼓励性的产业政策会导致部分企业进行政策套利，大量资金涌入目标行业进行投机行为，从而使这种政策尽管可能导致该行业快速发展，但是只是粗放型的发展，并不必然导致企业动态能力，如创新能力、整合能力或适应能力的增强。因此，在一个动态的环境中，这种通过政府补贴的鼓励性产业政策对企业动态能力不会产生稳定的正向影响。

## （六）企业动态能力多层次影响模型的实证结果分析

上述研究只分析了单个层次的影响因素对企业动态能力的影响。具体而言，分别从企业家个人层次（政府关系能力、专业能力、社会关系能力）、高管团队层次（高管团队经验、高管薪酬激励）、组织层次（吸收冗余资源、未吸收冗余资源）以及外部环境层次（环境动态性、产业政策）四个方面实证分析了它们对企业动态能力以及动态能力的创新能力、整合能力以及适应能力三个维度的影响。接下来，我们对企业家个人层面、高管团队层面、组织层面以及外部环境层面四个层次对企业动态能力的影响进行分析。为此，建立四个模型：

模型1：在控制变量企业规模、企业年龄、企业所有制性质、所有者权益比例、股权集中度的基础上引入企业家才能，考察企业家层次因素对企业动态能力的直接作用。

模型2：在模型1的基础上，引入高管团队层次的高管团队经验与高管薪酬激励维度，考察企业家个人层次与高管团队层次对企业动态能力的直接作用。

模型3：在模型2的基础上，引入组织层次的吸收冗余资源与未吸收冗余资源维度，考察企业家个人层次、高管团队层次与组织层次对企业动态能力的作用。

模型4：在模型3的基础上，引入外部环境层次的产业政策与环境动态性维度，考察企业家个人层次、高管团队层次、组织层次以及外部环境层次对企业动态能力的作用。

在对模型进行回归分析前，先对模型进行了多重共线性检验，所有变量的VIF都在1~4，由于VIF<5，可以视为不存在多重共线性。

第一阶段，在回归模型中放入控制变量及企业家才能，结果在模型1中列示。企业家才能的系数（$\beta=0.015$，$p<0.01$），说明企业家才能对企业动态能力有显著正向影响。

第二阶段，在模型1的基础上加入高管团队层次的因素，结果在模型2中列示。高管团队经验（$\beta=0.007$，$p<0.05$）与高管薪酬激励（$\beta=0.011$，$p<0.01$）对企业动态能力有显著正向影响。

第三阶段，在模型 2 的基础上加入组织层次的因素，结果在模型 3 中列示。吸收冗余资源（$\beta = 0.006$，p<0.01）与未吸收冗余资源（$\beta = 0.003$，p<0.1）对企业动态能力有显著正向影响。

第四阶段，在模型 3 的基础上加入外部环境层次因素，结果在模型 4 中列示。环境动态性（$\beta = 0.042$，p<0.05）对企业动态能力有显著正向影响，但是产业政策（$\beta = -0.024$，p>0.1），对企业动态能力不具有显著影响。

具体分析结果如表 5.21 所示。

表 5.21　企业动态能力多层次影响模型的检验结果

| 变量 | 模型 1 | 模型 2 | 模型 3 | 模型 4 |
|---|---|---|---|---|
| 企业家才能 | 0.015*** (2.95) | 0.012** (2.53) | 0.009** (2.28) | 0.011** (2.36) |
| 高管团队经验 | | 0.007** (2.01) | 0.005* (1.87) | 0.005* (1.86) |
| 高管酬薪激励 | | 0.011*** (2.84) | 0.010*** (2.62) | 0.080** (2.45) |
| 吸收冗余资源 | | | 0.006*** (4.84) | 0.007*** (5.19) |
| 未吸收冗余资源 | | | 0.003* (1.76) | 0.004* (1.84) |
| 环境动态性 | | | | 0.042** (2.18) |
| 产业政策 | | | | -0.024 (-0.71) |
| 控制变量 | 控制 | 控制 | 控制 | 控制 |
| 时间效应 | 控制 | 控制 | 控制 | 控制 |
| 地区效应 | 控制 | 控制 | 控制 | 控制 |
| 调整 $R^2$ | 0.114 | 0.132 | 0.143 | 0.149 |

注：括号内数字为 T 检验值，***、**、* 分别表示在 1%、5% 和 10% 的水平显著。N=745。

## （七）稳健性检验

为增强研究结论的稳健性，本节做了以下的尝试：

（1）考虑到异常值可能会对检验结果产生影响，对数据进行了上下1%的缩尾处理，相关结论并没有发生改变。

（2）考虑到模型可能存在内生性，采用滞后1期的主要解释变量作为工具变量再进行回归，相关结论并没有发生改变。

综上所述，相关研究结论与前文保持一致，表明本章的研究结论具有较强的稳健性。限于篇幅，此处未具体列出实证检验表格。

## （八）假设检验结果汇总

综合前述各假设检验的结果，可得到本章研究的实证结果，全部的假设检验及检验结果汇总如表5.22所示。

表5.22　主要假设检验结果汇总表

| 各层次因素与动态能力的关系 | 检验结果 |
| --- | --- |
| H10 企业家才能→动态能力各维度 | 部分通过 |
| H11.1 高管团队经验→动态能力各维度 | 部分通过 |
| H11.2 高管薪酬激励→动态能力各维度 | 通过 |
| H12.1 吸收冗余资源→动态能力各维度 | 通过 |
| H12.2 非吸收冗余资源→动态能力各维度 | 部分通过 |
| H13.1 环境动态性→动态能力各维度 | 部分通过 |
| H13.2 产业政策→动态能力各维度 | 不通过 |

# 四、本章小结

本章利用 2013~2019 年文化服务企业上市公司数据，检验了动态能力的多层次影响因素模型。通过非平衡面板数据模型实证分析企业家个人层次（政府关系能力、专业能力与社会关系能力）、高管团队层次（高管团队经验与高管薪酬激励）、组织层次（吸收冗余资源与非吸收冗余资源）、外部环境层次（环境动态性与产业政策）等不同层次影响因素与企业动态能力的关系。具体体现在以下方面：

第一，在理论分析与研究假设部分，提出了企业家个人层次、高管团队层次、组织层次以及外部环境层次等不同层次与动态能力及其各维度的假设关系，为实证检验打下了理论基础。

第二，在变量测量部分，运用主成分分析法对企业家才能及高管团队经验进行了测度，并借鉴其他学者的方法，利用上市公司数据对企业动态能力各层次影响因素进行了测度。

第三，在实证分析部分，对各个理论假设进行了实证检验，并检验了各层次对企业动态能力的影响效果。

总体而言，第四章的检验结果表明，动态能力对文化服务企业的经济效益、社会效益及经济效益与社会效益协调度都存在一定功效。在此基础上，第五章研究了企业动态能力的多层次影响因素模型，为企业动态能力的成长提供了进一步的研究方向。

# 第六章

# 研究结论与展望

## 一、主要研究结论

### （一）创新能力不足是企业动态能力水平不高的主要原因

通过第三章文化服务企业动态能力的理论分析与测评，本书发现，在高质量发展背景下，文化服务企业要实现质量变革、效率变革与动力变革，应该具备相应的动态能力。这种动态能力应该通过对企业内外部资源进行整合重构与不断创新来满足人们对文化服务需求的变化，从而具备适应复杂变化环境的能力，以获取不断的竞争优势。本书基于高质量发展理论与动态能力理论，对企业动态能力的结构维度进行了分析，得出了文化服务企业动态能力应该包括创新能力、资源整合能力以及适应能力三个维度。

基于 TOPSIS 方法对动态能力进行测度与评价，研究表明 2013~2019 年动态能力水平不高，如要实现文化服务企业高质量发展，动态能力水平需要进一步提升。通过动态能力障碍度分析发现企业动态能力水平不高的主要原因在于企业创新能力不足，尤其是创新能力的产出效率低下严重阻碍文化服务企业高质量发展。

## （二）企业动态能力在提升企业效益中发挥重要作用

第四章的理论分析与研究假设部分对企业动态能力与企业效益的关系进行了描述。基于文化服务企业的特殊性，其产品不仅具有商品属性，还具有意识形态属性，因而文化服务企业效益兼具社会效益与经济效益，并且需要考虑社会效益与经济效益的协调度。动态能力是通过创新、实施资源整合、重构，以适应变化环境的能力，因此，本书提出动态能力及它的三个维度（创新能力、整合能力与适应能力）对企业效益（包含经济效益、社会效益、经济效益与社会效益协调度）具有显著正向影响的理论研究假设。通过非平衡面板数据模型进行了实证分析，本书得到以下研究结论：

（1）动态能力对于企业经济效益有显著的正向影响。具体而言，企业动态能力对企业经济效益有显著正向影响，同时企业动态能力各维度（创新能力、整合能力与适应能力）对企业经济效益都具有显著正向影响。

（2）动态能力对社会效益存在显著的正向影响，并且整合能力维度对企业社会效益存在显著正向影响。

（3）在动态能力和经济效益与社会效益协调度关系中，整合能力维度对企业经济效益与社会效益协调度具有显著正向影响关系。

## （三）企业全要素生产率在动态能力与企业效益之间发挥中介作用

第四章理论分析与研究假设部分对动态能力与全要素生产率之间的关系进行了阐述。动态能力发挥其功效的关键在于全要素生产率的提高，因此，本书提出动态能力对企业全要素生产率有显著正向影响的研究假设。进一步地，在理论分析与研究假设部分还对全要素生产率在动态能力与企业效益关系中的中介效应进行了阐述。基于文化服务企业上市公司非平衡面板数据进行了实证分析，本书得到以下研究结论：

（1）动态能力对企业全要素生产率有显著的正向影响。具体到动态能力各维度，创新能力维度、整合能力维度与适应能力维度都能显著正向影响企业全要素生产率。

（2）企业全要素生产率在动态能力与企业经济效益之间产生了中介效应，具体到动态能力的各维度，企业全要素生产率分别在创新能力维度、整合能力维度，适应能力维度与企业经济效益之间产生了中介效应。

（3）企业全要素生产率在整合能力维度与企业社会效益之间产生了中介效应。

（4）企业全要素生产率在整合能力维度与企业双效协调度之间产生了中介效应。

## （四）环境因素在动态能力与企业效益之间存在正向调节效应

第四章理论分析与研究假设部分对环境因素在动态能力与企业经济效益、社会效益以及双效协调度之间的调节效应进行了阐述。基于文化服务企业上市公司数据进行了实证分析，因此，本书得到如下研究结论：

（1）在动态能力与企业经济效益关系中，环境不确定性在动态能力与企业经济效益关系之间产生了调节效应，具体而言，环境不确定性在创新能力维度、整合能力维度、适应能力维度与企业经济效益之间产生了调节效应；环境敌对性在动态能力、创新能力维度与企业经济效益之间产生了调节效应；环境丰富性在适应能力维度与企业经济效益之间产生了调节效应。

（2）在动态能力与企业社会效益关系中，环境丰富性在企业整合能力维度与企业社会效益之间产生了调节效应。

（3）在动态能力与企业双效协调度关系中，环境敌对性仅在整合能力维度、适应能力维度与企业双效协调度之间产生调节效应。

## （五）多层次影响因素有助于提升企业动态能力

第五章理论分析与研究假设部分对企业动态能力多层次影响因素模型进行了阐述。本书提出了企业家个人层次（政府关系能力、专业能力与社会关系能力）、高管团队层次（高管团队经验与高管薪酬激励）、组织层次（吸收冗余资源与非吸收冗余资源）、外部环境层次（环境动态性与产业政策）等不同层次影响因素与动态能力关系的假设。基于文化服务企业上市公司数据进行了实证分析，因此，本书得到如下研究结论：

（1）企业家个人层次因素在总体上对企业动态能力有显著的正向影响。具体而言，企业家才能对企业动态能力、创新能力维度、整合能力维度有显著正向影响关系。政府关系维度对企业动态能力、创新能力维度、整合能力维度有显著正向影响关系。专业能力维度对企业整合能力维度与适应能力维度有显著正向影响关系。因此，企业家个人层次的影响因素总体上有利于显著提升企业动态能力。

（2）企业高管团队层次因素总体上对企业动态能力有显著的正向影响。具体而言，高管团队经验对动态能力与创新能力维度有显著正向影响。高管薪酬激励对企业动态能力、创新能力维度、整合能力维度以及适应能力维度有显著正向影响。因此，企业高管团队层次因素总体上有利于显著提升企业动态能力。

（3）企业组织层次因素总体上对企业动态能力有显著的正向影响。具体而言，吸收冗余资源对动态能力、创新能力维度、整合能力维度、适应能力维度有显著正向影响。非吸收冗余资源对企业动态能力、整合能力维度以及适应能力维度有显著正向影响。因此，企业组织层次因素总体上有利于显著提升企业动态能力。

（4）外部环境层次因素总体上对企业动态能力有显著的正向影响。具体而言，环境动态性对动态能力、创新能力维度、整合能力维度有显著正向影响。但是产业政策与企业动态能力、创新能力维度、整合能力维度及适应能力维度之间不存在显著相关关系。总体而言，外部环境层次有助于提升企业动态能力。

## 二、管理启示

### （一）企业管理者应重视企业动态能力的构建

检验结果表明，企业动态能力有助于提升企业全要素生产率，并且对文化服务企业经济效益、社会效益以及经济效益与社会效益协调度都起到促进作用。在企业由高速增长向高质量发展转变的环境中，企业动态能力已经成为企业增长、生存和竞争力的重要因素，是企业高质量发展的关键变量。但是我国文化服务企业动态能力发展水平总体不高。通过障碍度分析发现，文化服务企业创新能力缺失，严重阻碍企业动态能力水平的提升。因此，企业管理者要重视动态能力的培育与成长，尤其是要注重企业创新能力的培育，以使企业在动荡环境中获得并保持竞争优势。

### （二）知识资本是激活文化服务企业动态能力的关键因素

实证研究表明，企业家才能、企业家政府工作经历、高管团队工作经验与工作背景异质性等因素对文化服务企业动态能力有显著的正向影响。这些因素拓宽了知识获取的途径与渠道，从而有利于新知识的产生。当这些知识资源嵌入个人、网络、组织结构和流程中时，就构成了公司的独特配置资源，为企业创新、资源整合提供了新的资源支持，从而有利于形成不同类型的动态能力，这在知识密集型行业中尤为重要。鉴于文化服务企业作为知识密集型企业的事实，为了生存和保持竞争力，文化服务企业必须获得新的知识资本，将其整合到自己的产品与服务中，并进行重新配置，以开发出新产品和服务。因此，文化服务企业需重视知识资本的获取，以培育与激活企业的动态能力。

## （三）薪酬激励有助于激活企业动态能力

基于委托代理理论，企业高管团队成员与委托人之间的目标和利益会产生差异。高管比较偏爱能够直接带来体现企业业绩的短期投资活动，对于有利于企业长期发展，但周期长、见效慢及风险大的项目则不热衷，而企业所有者更关注企业的长期发展，希望企业能够稳定增值。这就会导致企业高管团队成员存在短视行为，不利于企业动态能力的培育。为了缓解高管团队成员与企业目标不一致的冲突，企业可以制订合理的薪酬激励方案。本书的研究检验结果表明，通过适当的薪酬激励机制，能够激励企业高管团队成员与企业目标保持一致，促进企业创新，激励高管主动采取一系列措施去获取企业的长期竞争优势。因此，企业应该重视薪酬激励对企业创新能力、资源整合能力及适应能力的正向影响作用。

## （四）进一步思考

通过本书的研究表明，知识资本、组织激励是企业动态能力成长的关键因素。那么，企业如何来获取知识资本以及建立组织激励机制，对这些问题的进一步思考有利于激活企业动态能力并促进其成长。

1. 知识资本的获取方式

由于全球知识经济的快速发展，为了维持企业竞争力，各组织正面临着严峻的挑战。早在动态能力的初步概念化过程中，Teece 等（1997）就把知识作为动态能力的核心。Eisenhardt 和 Martin（2000）也认为知识资本是企业动态能力的重要影响因素。知识资本包括人力资本、社会资本与组织资本三种不同的形式。从人力资本来看，有行业经验的雇员会在资源方面做出了更好的决策分配和路径寻找策略，从而准确地预测结果。员工的知识和技能也有助于企业资源更新和重新配置能力的提升。拥有更高水平知识、技能、经验的公司员工能更好地识别环境变化，应用已有知识，创造并发展出各种新知识，进而获取有效应对潜在机会和威胁的动态能力。知识作为社会资本，存在于个人和网络的互动关系中。联盟经验使组织能够获得新的信息，学习新的知识，创造新的过程，加强把握机会的组织能力。联盟经验也会驱动学习，创造知识，避免错误，促进信息和资源优势，有利于识别出新的机会和威胁，从而发展联盟管理能力。组织资本，被称作是制度化的知识和经验。高水平制度化的知识有利于加强关系网络中的合作伙伴之间的交流，促进学习并加速对新资源基础的网络获得，成为动态能力的驱动因素。组织资本也提供了一种积极的文化，为传授经验和鼓励个人获得新知识提供有利的环境，从而提高组织能力，促进组织创造知识并利用这些知识来产生企业价值。

综上所述，企业从人力资本、社会资本以及组织资本来提升企业知识资本，有助于激活企业动态能力，促进企业动态能力成长。

2. 组织学习机制

学习是企业获取知识最基本的途径。企业可利用的知识，本身就是学习的结果。从学习中产生的知识无疑是知识的主要来源。通过对知识的使用，企业能够对环境变化做出积极反应，并且对知识资源不断的积累与储存有利于学习。因而，当一个组织有很多知识资源时，它也有很多有效的学习机制。Zott（2003）研究表明，学习可以积累经验，增强知识的关联度并对知识编码，从而提升动态能力。因而学习机制能引领动态能力的发展，而其中组织学习尤为重要。组织学习被定义为在组织内创造、保留和转让知识的过程（Gomes 和 Wojahn，2017）。它在很大程度上取决于工作人员的知识创造以及个人知识转化为实践的过程。组织学习通过从共同的经验中培养出新见解、新知识，使企业能够有效地根据环境变化改变资源。

更具体地，通过组织学习机制，如经验聚合、知识表达、集体创造和知识编码可以提高组织在环境中充分应对变化的能力。并且当知识嵌入一组特定的活动、设备或技术中时，它能提高企业的学习能力。换言之，组织配备了获取所需知识的基本机制，将其分享给他们的关键员工，适当地利用组织学习并将知识存入他们的组织记忆，将有助于提升学习能力。组织学习在进行知识活动时将所有的组织惯例和过程都很好的制度化，能帮助企业通过访问不同的知识领域，并通过整合各种组织知识来源，形成新知识、新方法，以解决存在的问题。组织学习增强了对现有知识和资源的整合。越来越多的研究证明，知识的积累与利用与企业抓住机会的能力密切相关，并能提高企业重新配置资源的能力。如果组织想保持竞争力，它们应该抓住市场机会，了解客户需求，并重新配置资源（Liu 等，2018）。为此，组织需要通过提高其知识能力来开发新产品或修改现有工艺，以满足客户对产品的需求。市场竞争越激烈，越迫使公司重新配置资源并主动去学习所需要的知识。因此，不难看出，组织学习有利于知识资本的获取，能提升组织学习能力以及企业资源整合与重构能力。

3. 组织激励机制

由于委托代理问题的存在，企业高管目标与企业长期发展目标可能不一致，加之人的认知存在着局限性，都会妨碍企业创新能力、整合能力与适应能力的成长。此外，组织本身存在着能力刚性以及路径依赖，企业要激活动态能力，就需要创建有利于创新的激励机制，如薪酬激励、股权激励等，激发企业工作人员去识别并抓住机会，对企业资源进行整合重构，使得企业不断获得动态能力。因此，组织激励机制的创新与建立有利于激活与培育企业动态能力。

具体而言，就是通过合理的组织激励机制，克服人们固有的厌恶风险的倾向，降低企业员工的试错成本，同时给予企业员工学习与创新活动的动力支持，使企业员工能够主动参与到学习与创新的过程中来，以此不断建立新的动态能力，保持企业长期的竞争优势。

# 三、理论贡献

本书研究了高质量发展背景下文化服务企业动态能力的结构维度、企业动态能力对经济效益与社会效益平衡发展的影响效果及机制、企业动态能力的多层次影响因素三个问题。理论贡献主要体现在以下方面：

## （一）研究视角的创新

已有文献对企业高质量发展的研究主要考察单个因素对企业高质量发展的影响。本书跳出单个问题研究的视角，统筹文化企业投入、产出、创新、效率等因素，创新性提出"文化企业高质量发展关键在于发展企业动态能力"的学术思想，从动态能力视角来认识文化企业高质量发展。

## （二）企业动态能力内涵与测度的拓展

中国已进入高质量发展阶段，企业动态能力的内涵与维度也应做出相应调整以适应环境的变化。本书以党的十九大报告提出的质量变革、效率变革与动力变革作为企业动态能力的构建基础，从适应能力、整合能力、创新能力三个维度探究企业动态能力，拓展了企业动态能力的内涵。在企业动态能力测度方面，已有文献对企业动态能力测度一般采用问卷调查法，但是该种方法所获取的截面数据无法反映样本期间企业动态能力的演化过程，本书则通过文化服务企业上市公司数据，构建面板数据对企业动态能力的结构维度进行测度，反映了企业动态能力的动态性。

## （三）文化服务企业动态能力的功效及影响因素的拓展

企业动态能力与企业效益关系的文献主要是考察企业动态能力对企业经济效益的影响。但文化服务企业作为精神产品的提供者，需要文化服务企业经济效益与社会效益相统一。因而，本书不仅分析了文化服务企业动态能力对文化服务企业经济效益的影响，而且考察了动态能力对企业社会效益以及经济效益与社会效益协调度的影响，揭示了动态能力对它们的影响机制，打开了文化服务企业动态能力功效的黑箱，有利于文化服务企业经济效益与社会效益相互统一。进一步地，从企业家个人层次、高管团队层次、组织层次及外部环境层次探讨企业动态能力的影响因素，识别出企业动态能力的关键影响因素，以此为基础，为提升企业动态能力提供可操作化的建议。

## 四、研究的局限与展望

尽管本书研究遵循科学研究的逻辑，但是受到人力与物力的限制，样本数据主要来自文化服务企业上市公司数据，可能导致研究存在一些局限性。为此，详细分析本书可能存在的局限性以及可能改进的方向，使得我们在未来的研究中可以进一步完善：

第一，只研究了文化服务企业中的上市公司企业，没有对未上市的文化服务企业展开研究，使得研究结论的普适性可能不够。因此，未来的研究可以进一步对未上市的文化服务企业展开研究，比较这两类企业动态能力的功效与成长机制的差异性，使得建议更具有针对性。

第二，仅利用上市公司数据对企业动态能力的功效与多层次影响因素进行了统计与计量分析，缺乏对相关典型案例中企业动态能力的提升路径、模式等进行剖析。因此，未来进一步的研究可以对文化服务企业中的典型企业展开案例分析，有助于更深层次地理解动态能力的培育与激活机制。

第三，仅利用全要素生产率作为中介变量来考察动态能力对企业效益的影响机制，在分析动态能力与企业效益之间的调节效应时，仅对环境因素中的环境不确定性、环境敌对性与环境丰富性在动态能力与企业效益关系中的调节效应进行了分析，对于已有文献涉及组织层面及外部环境的其他调节变量并没有进行检验。因此，未来研究可以进一步检验其他中介变量在动态能力与企业效益关系中的中介效应，以便更深刻地理解企业动态能力对企业效益的影响机制。同时，从组织层面与外部环境层面寻找更多的调节变量，检验它们是否在动态能力与企业效益关系中存在正向调节效应，为动态能力功效的提升奠定理论基础。

# 参考文献

[1] Abell, P. , Felin, T. , & Foss, N. 2008. Building micro-foundations for the routines, capabilities, and performance links. Managerial & Decision Economics, 29 (6): 489-502.

[2] Adner, R. , & Helfat, C. E. 2003. Corporate effects and dynamic managerial capabilities. Strategic Management Journal, 24 (10): 1011-1025.

[3] Agarwal, R. , Echambadi, R. , Franco, A. M. , & Sarkar, M. 2004. Knowledge transfer through inheritance: Spinout generation, development, and survival. Academy of Management Journal, 47 (4): 501-522.

[4] Albort - Morant, G. , Leal - Millán, A. , & Cepeda - Carrión, G. 2016. The antecedents of green innovation performance: A model of learning and capabilities. Journal of Business Research, 69 (11): 4912-4917.

[5] Ambrosini, V. , Bowman, C. , & Collier, N. 2009. Dynamic capabilities: An exploration of how firms renew their resource base. British Journal of Management, 20 (S1): S9-S24.

[6] Anand, G. , Ward, P. T. , Tatikonda, M. V. , & Schil-

ling, D. A. 2009. Dynamic capabilities through continuous improvement infrastructure. Journal of Operations Management, 27 （6）: 444-461.

[7] Anand, J., Oriani, R., & Vassolo, R. S. 2010. Alliance activity as a dynamic capability in the face of a discontinuous technological change. Organization Science, 21 （6）: 1213-1232.

[8] Arend, R. J. 2015. Mobius' edge: Infinite regress in the resource-based and dynamic capabilities views. Strategic Organization, 13 （1）: 75-85.

[9] Arend, R. J. 2014. Social and Environmental Performance at SMEs: Considering Motivations, Capabilities, and Instrumentalism. Journal of Business Ethics, 125 （4）: 541-561.

[10] Arrfelt, M., Wiseman, R. M., McNamara, G., & Hult, G. T. M. 2015. Examining a key corporate role: The influence of capital allocation competency on business unit performance.

[11] Athreye, S., Kale, D., & Ramani, S. V. 2009. Experimentation with strategy and the evolution of dynamic capability in the Indian pharmaceutical sector. Industrial and Corporate Change, 18 （4）: 729-759.

[12] Autio, E. 2017. Strategic Entrepreneurial Internationalization: A Normative Framework. Strategic Entrepreneurship Journal, 11 （3）: 211-227.

[13] Augier, M., & Teece, D. J. 2008. Strategy as evolution with design: The foundations of dynamic capabilities and the role of managers in the economic system. Organization Studies, 29 （8-9）: 1187-1208.

［14］Augier, M. , & Teece, D. J. 2009. Dynamic capabilities and the role of managers in business strategy and economic perform-ance. Organization Science, 20（2）：410-421.

［15］Barreto, I. 2010. Dynamic capabilities：A review of past research and an agenda for the future. Journal of Management, 36（1）：256-280.

［16］Bingham, C. B. , & Eisenhardt, K. M. 2011. Rational heuristics：The "simple rules" that strategists learn from process ex-perience. Strategic Management Journal, 32（13）：1437-1464.

［17］Bingham, C. B. , Heimeriks, K. H. , Schijven, M. , & Gates, S. 2015. Concurrent learning：How firms develop multiple dy-namic capabilities in parallel. Strategic Management Journal, 36（12）：1802-1825.

［18］Black, S. E. , & Lynch, L. M. 2004. What's driving the new economy?：The benefits of workplace innovation. Economic Jour-nal, 114（493）.

［19］Boccardelli, P. , & Magnusson, M. G. 2006. Dynamic capabilities in early-phase entrepreneurship. Knowledge and Process Management, 13（3）：162-174.

［20］Bourgeois, L. J. 1981. On the measurement of organiza-tional slack. The Academy of Management Review, 6（1）：29.

［21］Bock, A. J. , Opsahl, T. , George, G. , & Gann, D. M. 2012. The effects of culture and structure on strategic flexibility during business model innovation. Journal of Management Studies, 49（2）：279-305.

［22］Brouthers, K. D. , Brouthers, L. E. , & Werner,

S. 2008. Resource-based advantages in an international context. Journal of Management, 34（2）：189-217.

［23］Butler, T., & Murphy, C. 2008. An exploratory study on IS capabilities and assets in a small-to-medium software enterprise. Journal of Information Technology, 23（4）：330-344.

［24］Capron, L., & Mitchell, W. 2009. Selection capability：How capability gaps and internal social frictions affect internal and external strategic renewal. Organization Science, 20（2）：294-312.

［25］Carpenter, M. A., Sanders, W. G., & Gregersen, H. B. 2001. Bundling human capital with organizational context：The impact of international assignment experience on multinational firm performance and CEO pay. Academy of Management Journal, 44（3）：493-511.

［26］Chen, P. L., Williams, C., & Agarwal, R. 2012. Growing pains：Pre-entry experience and the challenge of transition to incumbency. Strategic Management Journal, 33（3）：252-276.

［27］Chen, M. 2013. The Matching of Heterogeneous Firms and Politicians. Economicinquiry, 51（2）：1502-1522

［28］Choi, S. B., Lee, W. R., & Kang, S. W. Entrepreneurial Orientation, Resource Orchestration Capability, Environmental Dynamics and Firm Performance：A Test of Three-Way Interaction［J］．Sustainability, 2020（12）．

［29］Coen, C. A., & Maritan, C. A. 2011. Investing in capabilities：The dynamics of resource allocation. Organization Science, 22（1）：99-117.

［30］Collis, D. J. 1994. How valuable are organizational capabilities? Strategic Management Journal, 15 (S1): 143-152.

[31] Collis, D. J. 1996. Organizational capability as a source of profit. In B. Moingeon & A. C. Edmondson (Eds.), 424 Academy of Management Annals January Organizational learning and competitive advantage: 139-163. London: Sage Publications.

[32] Cyert, R. M., & March, J. G. 1963. A behavioral theory of the firm. Prentice-Hall, Englewood Cliffs, NJ.

[33] Danneels, E. 2008. Organizational antecedents of second-order competences. Strategic Management Journal, 29 (5): 519-543.

[34] Day, G. S., & Schoemaker, P. J. H. 2016. Adapting to fast-changing markets and technologies. California Management Review, 58 (4): 59-77.

[35] Day, G. S., & Wensley, R. 1988. Assessing advantage: A framework for diagnosing competitive superiority. Journal of Marketing, 52 (4): 1-20.

[36] Desyllas, P., & Sako, M. 2013. Profiting from business model innovation: Evidence from Pay-As-You-Drive auto insurance. Research Policy, 42 (1): 101-116.

[37] Di Stefano, G., Peteraf, M., & Verona, G. 2014. The organizational drivetrain: A road to integration of dynamic capabilities research. Academy of Management Perspectives, 28 (4): 307-327.

[38] Dimitratos, P., Liouka, I., & Young, S. 2014. A missing operationalization: Entrepreneurial competencies in multinational enterprise subsidiaries. Long Range Planning, 47 (1-2): 64-75.

[39] Dixon, S., Meyer, K., & Day, M. 2014. Building dynamic capabilities of adaptation and innovation: A study of micro-

foundations in a transition economy. Long Range Planning, 47（4）:
186-205.

［40］Dobrzykowski, D. D., McFadden, K. L., & Vonderembse, M. A. 2016. Examining pathways to safety and financial performance in hospitals: A study of lean in professional service operations. Journal of Operations Management, 42-43（mar.）: 39-51.

［41］Doving, E., & Gooderham, P. N. 2008. Dynamic capabilities as antecedents of the scope of related diversification: The case of small firm accountancy practices. Strategic Management Journal, 29（8）: 841-857.

［42］Dunning, J. H., & Lundan, S. M. 2010. The institutional origins of dynamic capabilities in multinational enterprises. Industrial and Corporate Change, 19（4）: 1225-1246.

［43］Duguet, E. 2006. Innovation height, spillovers and tfp growth at the firm level: Evidence from French manufacturing. Economics of Innovation and New Technology, 15（4-5）: 415-442.

［44］Dyer, J. H., & Nobeoka, K. 2000. Creating and managing a high-performance knowledge-sharing network: The Toyota case. Strategic Management Journal, 21（3）: 345-367.

［45］Easterby-Smith, M., & Prieto, I. M. 2008. Dynamic capabilities and knowledge management: An integrative role for learning? . British Journal of Management, 19（3）: 235-249.

［46］Eisenhardt, K. M., & Martin, J. A. 2000. Dynamic capabilities: What are they? . Strategic Management Journal,（21）: 1105-1121.

［47］Eisenhardt, K. M., Furr, N. R., & Bingham, C. B.

2010. Microfoundations of performance: Balancing efficiency and flexibility in dynamic environments. Organization Science, 21 (6): 1263-1273.

[48] El Akremi, A., Perrigot, R., & Piot - Lepetit, I. 2015. Examining the drivers for franchised chains performance through the lens of the dynamic capabilities approach. Journal of Small Business Management, 53 (1): 145-165.

[49] Engelen, A., Kube, H., Schmidt, S., & Flatten, T. C. 2014. Entrepreneurial orientation in turbulent environments: The moderating role of absorptive capacity. Research Policy, 43 (8): 1353-1369.

[50] Fainshmidt, S., Pezeshkan, A., Lance Frazier, M., Nair, A., & Markowski, E. 2016. Dynamic capabilities and organizational performance: A meta - analytic evaluation and extension. Journal of Management Studies, 53 (8): 1348-1380.

[51] Fawcett, S. E., Fawcett, A. M., Watson, B. J., & Magnan, G. M. 2012. Peeking inside the black box: Toward an understanding of supply chain collaboration dynamics. Journal of Supply Chain Management, 48 (1): 44-72.

[52] Fawcett, S. E., Wallin, C., Allred, C., Fawcett, A. M., & Magnan, G. M. 2011. Information technology as an enabler of supply chain collaboration: A dynamic capabilities perspective. Journal of Supply Chain Management, 47 (1): 38-59.

[53] Fang, E., & Zou, S. 2009. Antecedents and consequences of marketing dynamic capabilities in international joint ventures. Journal of International Business Studies, 40 (5): 742-761.

［54］Francine D. Blau. 1977. Equal Pay in the Office. Lexington, Mass. : D. C. Heath.

［55］Felin, T. , & Foss, N. J. 2005. Strategic organization: A field in search of micro-foundations. Strategic Organization, 3 (4): 441-455.

［56］Felin, T. , & Powell, T. C. 2016. Designing organizations for dynamic capabilities. California Management Review, 58 (4): 78-96.

［57］Felin, T. , Foss, N. J. , & Ployhart, R. E. 2015. The microfoundations movement in strategy and organization theory. Academy of Management Annals, 9 (1): 575-632.

［58］Felin, T. , Foss, N. J. , Heimeriks, K. H. , & Madsen, T. L. 2012. Microfoundations of routines and capabilities: Individuals, processes, and structure. Journal of Management Studies, 49 (8): 1351-1374.

［59］Filatotchev, I. , & Piesse, J. 2009. RD, internationalization and growth of newly listed firms: European evidence. Journal of International Business Studies, 40 (8): 1260-1276.

［60］Friedman, Y. , Carmeli, A. , & Tishler, A. 2016. How CEOs and TMTsbuild adaptive capacity in small entrepreneurial firms. Journal of Management Studies, 53 (6): 996-1018.

［61］Fueglistaller, U. , & Schrettle, T. 2010. Book review: David J. Teece, dynamic capabilities & strategic managementorganizing for innovation and growth. International Small Business Journal, 28 (5): 522-524.

［62］Gabler, C. B. , Richey, R. G. , Jr. , & Rapp, A.

2015. Developing an eco-capability through environmental orientation and organizational innovativeness. Industrial Marketing Management: (45), 151-161.

[63] Gavetti, G., C. E., & Marengo, L. 2017. Searching, shaping, and the quest for superior performance. Strategy Science, 2 (3): 194-209.

[64] Ghosh, D., & Olsen, L. 2009. Environmental uncertainty and managers' use of discretionary accruals. Accounting, Organizations and Society, 34 (2): 188-205.

[65] Gibson, C. B., & Birkinshaw, J. 2004. The antecedents, consequences, and mediating role of organizational ambidexterity. Academy of Management Journal, 47 (2): 209-226.

[66] Giniuniene, J., & Jurksiene, L. 2015. Dynamic capabilities, innovation and organizational learning: interrelations and impact on firm performance. Procedia Social & Behavioral Sciences, 213: 985-991.

[67] Girod, S. J. & Whittington, R. 2017. Reconfiguration, restructuring and firm performance: Dynamic capabilities and environmental dynamism. Strategic Management Journal, 38 (5): 1121-1133.

[68] Giudici, A., & Reinmoeller, P. 2012. Dynamic capabilities in the dock: A case of reification? . Strategic Organization, 10 (4): 436-449.

[69] Golgeci, I., & Ponomarov, Y. S. 2013. Does firm innovativeness enable effective responses to supply chain disruptions? An empirical study. Supply Chain Management, 18 (6): 604-617.

［70］ Gomes, G. & Wojahn, R. M. 2017. Organizational learning capability, innovation and performance: study in small and medium-sized enterprises (SMES) . Revista de Administracao, 52 (2): 163-175.

［71］ Hambrick, D. C. , & Mason, P. A. 1984. Upper Echelons: The Organization as a Reflection of Its Top Managers. Academy of Management Review, 9 (2): 193-206.

［72］ Harris, M. L. , Collins, R. W. , & Hevner, A. R. 2009. Control of flexible software development under uncertainty. Information Systems Research, 20 (3): 400-419.

［73］ Harvey, G. , Skelcher, C. , Spencer, E. , Jas, P. , & Walshe, K. 2010. Absorptive capacity in a non – market environment. Public Management Review, 12 (1): 77-97.

［74］ Heimeriks K. H. , Duysters G. , Lokshin B. , et al. 2012. Do firms learn to manage alliance portfolio diversity? The diversity cerformance relationship and the moderating effects of experience and capability. European Management Review, 9 (3): 139-152.

［75］ Helfat, C. E. , & Martin, J. A. 2015. Dynamic managerial capabilities: Review and assessment of managerial impact on strategic change. Journal of Management, 41 (5): 1281-1312.

［76］ Helfat, C. E. , & Peteraf, M. A. 2003. The dynamic resourcebased view: Capability lifecycles. Strategic Management Journal, 24 (10): 997-1010.

［77］ Helfat, C. E. , & Peteraf, M. A. 2015. Managerial cognitive capabilities and the microfoundations of dynamic capabilities. StrategicManagement Journal, 36 (6): 831-850.

[78] Helfat, C. E. , & Winter, S. G. 2011. Untangling dynamic and operational capabilities: Strategy for the (n) everchanging world. Strategic Management Journal, 32 (11): 1243-1250.

[79] Helfat, C. E. , Finkelstein, S. , Mitchell, W. , Peteraf, M. A. , Singh, H. , Teece, D. J. , & Winter, S. G. 2007. Dynamic capabilities: Understanding strategic change in organizations. Malden, MA: Blackwell.

[80] Helfat, C. E. , & Peteraf, M. A. 2009. Understanding dynamic capabilities: Progress along a developmental path. Strategic Organization, 7 (1): 91-10.

[81] Hodgkinson, G. P. , & Healey, M. P. 2011. Interorganizational macrocultures: A multilevel critique. Encyclopedia of Applied Psychology.

[82] Hsu, L. C. , & Wang, C. H. 2012. Clarifying the effect of intellectual capital on performance: The mediating role of dynamic capability. British Journal of Management, 23 (2): 179-205.

[83] Iansiti, M. , & Clark, K. B. 1994. Integration and dynamic capability: Evidence from product development in automobiles and mainframe computers. Industrial and Corporate Change, 3 (3): 557-605.

[84] Ingov, D. 2017. Dynamic capabilities and firm performance. Long Range Planning, 50 (5): 653-664.

[85] Jansen, J. J. P. , Van Den Bosch, F. A. J. , & Volberda, H. W. 2005. Managing potential and realized absorptive capacity: How do organizational antecedents matter? Academy of Management Journal, 48 (6): 999-1015.

〔86〕 Jantunen, A. , & Ellonen, H. K. 2012. Johansson A. Beyond appearances—Do dynamic capabilities of innovative firms actually differ? . European Management Journal, 30 (2): 141-155.

〔87〕 Kale, D. 2010. The distinctive patterns of dynamic learning and inter－firm differences in the Indian pharmaceutical industry. British Journal of Management, 21 (1): 223-238.

〔88〕 Karimi, J. , & Walter, Z. 2015. The role of dynamic capabilities in responding to digital disruption: A factorbased study of the newspaper industry. Journal of Management Information Systems, 32 (1): 39-81.

〔89〕 Karim, S. 2009. Business unit reorganization and innovation in new product markets. Management Science, 55 (7): 1237-1254.

〔90〕 Kim, D. , Cavusgil, S. T. , & Cavusgil, E. 2013. Does IT alignment between supply chain partners enhance customer value creation? An empirical investigation. Industrial Marketing Management, 42 (6): 880-889.

〔91〕 Killen, C. P. , Jugdev, K. , Drouin, N. , & Petit, Y. 2012. Advancing project and portfolio management research: Applying strategic management theories. International Journal of Project Management, 30 (5): 525-538.

〔92〕 Kleinbaum, A. M. , & Stuart, T. E. 2014. Network responsiveness: The social structural microfoundations of dynamic capabilities. Academy of Management Perspectives, 28 (4): 353-367.

〔93〕 Kor, Y. Y. , & Mesko, A. 2013. Dynamic managerial capabilities: Configuration and orchestration of top executives' capabilities and the firm's dominant logic. Strategic Management Journal, 34 (2): 233-244.

[94] Lavie, D. 2006. Capability reconfiguration: An analysis of incumbent responses to technological change. Academy of Management Review. Academy of Management.

[95] Lee, C., Lee, K., & Pennings, J. M. 2001. Internal capabilities, external networks, and performance: A study on technology-based ventures. Strategic Management Journal, 22 (6-7): 615-640.

[96] Leiblein, M. J. 2011. What do resource-and capability-based theories propose? Journal of Management, 37 (4): 909-932.

[97] Liao, J., Kickul, J. R., & Ma, H. 2009. Organizational dynamic capability and innovation: An empirical examination of internet firms. Journal of Small Business Management, 47 (3): 263-286.

[98] Lichtenthaler, U. 2009. Outbound open innovation and its effect on firm performance: Examining environmental influences. R and D Management, 39 (4): 317-330.

[99] Li, G., Wang, X., & Su, S. 2019. How green technological innovation ability influences enterprise competitiveness. Technology in Society.

[100] Liu, Y., Cheng, P., & Zhao, D. 2018. New product launch actions and firm performance: The effects of breadth, complexity and heterogeneity. Chinese Management Studies, 12 (1): 79-105.

[101] Macher, J. T., & Mowery, D. C. 2009. Measuring dynamic capabilities: Practices and performance in semiconductor manu-

facturing. British Journal of Management, 20（1）：S41-S62.

［102］MacLean, D., MacIntosh, R., & Seidl, D. 2015. Rethinking dynamic capabilities from a creative action perspective. Strategic Organization, 13（4）：340-352.

［103］Makkonen, H., Pohjola, M., & Olkkonen, R. 2013. Dynamic Capabilities and Firm Performance in a Financial Crisis. Journal of Business Research, 67（1）：2707-2719.

［104］Maria, R. S., Sanchez-Medina, P. S., & Diaz-Pichardo, R. 2019. The influence of environmental dynamic capabilities on organizational and environmental performance of hotels：Evidence from Mexico ［J］. Journal of Cleaner Production, 227（1）：414-423.

［105］Marian, G. M., Ferdaous, Z., & Mercedes, S. G. 2017. Capturing value from alliance portfolio diversity：The mediating role of. 1066. R&D human capital in high and low tech industries ［J］. Technovation, 59：55-67.

［106］Marne, L. & Arthaud, D. 2005. Transnational Corporate Social Responsibility：A Tri-Dimensional Approach to International CSR Research ［J］. Business Ethics Quarterly, 15（1）.

［107］Martin, J. A. 2011. Dynamic managerial capabilities and the multibusiness team：The role of episodic teams in executive leadership groups. Organization Science, 22（1）：118-140.

［108］Maatman, M., Bondarouk, T., & Looise, J. K. 2010. Conceptualising the capabilities and value creation of HRM shared service models. Human Resource Management Review, 20（4）：327-339.

[109] Marsh, S. J., & Stock, G. N. 2006. Creating dynamic capability: The role of intertemporal integration, knowledge retention, and interpretation. Journal of Product Innovation Management, 23 (5): 422-436.

[110] Mitchell, M., & Skrzypacz, A. 2015. A theory of market pioneers, dynamic capabilities, and industry evolution. Management Science, 61 (7): 1598-1614.

[111] Mu, J. 2017. Dynamic Capability and Firm Performance: The Role of Marketing Capability and Operations Capability [J]. IEEE Transactions on Engineering Management, 1-12.

[112] Nelson, R., & Winter, S. 1982. An evolutionary theory of economic change. Cambridge, MA: Belknap Press.

[113] Nickerson, J., Yen, C. J., & Mahoney, J. T. 2012. Exploring the problem-finding and problem-solving approach for designing organizations. In Academy of Management Perspectives, (26): 52-72.

[114] O'Brien, J. P. 2003. The capital structure implications of pursuing a strategy of innovation [J]. Strategic Management Journal, 415-431.

[115] O'Connor, G. C. 2008. Major innovation as a dynamic capability: A systems approach. Journal of Product Innovation Management, 25 (4): 313-330.

[116] O'Reilly, C. A., Harreld, J. B., & Tushman, M. L. 2009. Organizational ambidexterity: IBM and emerging business opportunities. California Management Review, 51 (4): 75-99.

[117] O'Reilly, C. A., & Tushman, M. L. 2008. Ambidex-

terity as a dynamic capability: Resolving the innovator's dilem-ma. Research in Organizational Behavior, (28): 185-206.

［118］Pamela, D. M. , John, H. R. , & Eric, H. 2000. De-terminants of user innovation and innovation sharing in a local market ［J］. Management science, 46 (12): 1513-1527.

［119］Pandza, K. , & Thorpe, R. 2009. Creative search and strategic sense-making: Missing dimensions in the concept of dynamic capabilities. British Journal of Management, 20 (S1): S118-S131.

［120］Parente, R. C. , Baack, D. W. , & Hahn, E. D. 2011. The effect of supply chain integration, modular production, and cultural distance on new product development: A dynamic capabilities approach. Journal of International Management, 17 (4): 278-290.

［121］Pavlou, P. A. , & El Sawy, O. A. 2010. The "third hand": Tenabled competitive advantage in turbulence through improvi-sational capabilities. Information Systems Research, 21 (3): 443-471.

［122］Penrose, E. T. 1959. The theory of Growth of the Firm. Oxford: Basil Blackwell Publisher.

［123］Peteraf, M. , Di Stefano, G. , & Verona, G. 2013. The elephant in the room of dynamic capabilities: Bringing two diverg-ing conversations together. Strategic Management Journal, 34 (12): 1389-1410.

［124］Pezeshkan, A. , Fainshmidt, S. , Nair, A. , Lance Frazier, M. , & Markowski, E. 2016. An empirical assessment of the dynamic capabilities-performance relationship. Journal of Business Re-search, 69 (8): 2950-2956.

［125］ Piening, E. P. 2013. Dynamic capabilities in public or-
ganizations: A literature review and research agenda. Public Manage-
ment Review, 15 (2): 209–245.

［126］ Pisano, G. P. 2002. In search of dynamic capabilities. In
G. Dosi, R. R. Nelson & S. G. Winter (Eds.), The nature and dy-
namics of organizational capabilities: 129–154. New York: Oxford U-
niversity Press.

［127］ Pierce, L. 2009. Big losses in ecosystem niches: How
core firm decisions drive complementary product shakeouts. Strategic
Management Journal, 30 (3): 323–347.

［128］ Prahalad, C. K., & Hamel, G. 1990. The core competence
of the organisation. 1Harvard Business Review, May–June, 79–91.

［129］ Prahalad, C. K., & Hamel, G. 1990. The Core Compe-
tence of the Organization. Harvard Business Review, May – June,
79–91.

［130］ Danneels, E. 2008. Organizational antecedents of sec-
ond – order competences. Strategic Management Journal, 29 (5):
519–543.

［131］ Protogerou, A., Caloghirou, Y., & Lioukas,
S. 2012. Dynamic capabilities and their indirect impact on firm per-
formance. Industrial and Corporate Change, 21 (3): 615–647.

［132］ Rahmandad, H. 2012. Impact of growth opportunities and
competition on firm – level capability development trade –
offs. Organization Science, 23 (1): 138–154.

［133］ Randhawa K., Wilden, R., & Gudergan, S. 2021.
How to innovate toward an ambidextrous business model? The role of

175

dynamic capabilities and market orientation. Journal of Business Research, 130: 618-634.

[134] Ray, G., Barney, J. B., & Muhanna, W. A. 2004. Capabilities, business processes, and competitive advantage: Choosing the dependent variable in empirical tests of the resource-based view. Strategic Management Journal, 25 (1): 23-27.

[135] Renzo, M. R., Daniel, M. F., & Saleem, H. A. 2016. Sustainability certification schemes: evaluating their effectiveness and adaptability [J]. Corporate Governance, 16 (3).

[136] Rindova, V. P., & Kotha, S. 2001. Continuous "morphing": Competing through dynamic capabilities, form and function. Academy of Management Journal, 44 (6): 1263-1280.

[137] Roberts, N., & Grover, V. 2012. Leveraging information technology infrastructure to facilitate a firm's customer agility and competitive activity: An empirical investigation. Journal of Management Information Systems, 28 (4): 231-270.

[138] Roberts, N., Campbell, D. E., & Vijayasarathy, L. R. 2016. Using Information Systems to Sense Opportunities for Innovation: Integrating Postadoptive Use Behaviors with the Dynamic Managerial Capability Perspective. Journal of Management Information Systems, 33 (1): 45-69.

[139] Robertson, P. L., Casali, G. L., & Jacobson, D. 2012. Managing open incremental process innovation: Absorptive Capacity and distributed learning. Research Policy, 41 (5): 822-832.

[140] Romme, A. G. L., Zollo, M., & Berendsy, P. 2010. Dynamic capabilities, deliberate learning and environmental dy-

namism: A simulation model. Industrial and Corporate Change, 19 (4): 1271-1299.

[141] Salvato, C. 2009. Capabilities unveiled: The role of ordinary activities in the evolution of product development processes. Organization Science, 20 (2): 384-409.

[142] Sanjay, K. S. &Manlio Del G. 2019. Big data analytics, dynamic capabilities and firm performance. Management Decision, 57 (8).

[143] Salge, T. O. , & Vera, A. 2013. Small steps that matter: incremental learning, slack resources and organizational performance. British Journal of Management, 24 (2), 156-173.

[144] Sarkis, J. , Gonzalez - Torre, P. , & Adenso - Diaz, B. 2010. Stakeholder pressure and the adoption of environmental practices: The mediating effect of training. Journal of Operations Management, 28 (2): 163-176.

[145] Schilke, O. 2014. Second - order dynamic capabilities: How do they matter? Academy of Management Perspectives, (28): 368-380.

[146] Schilke, Hu, & Helfat Winter, S. G. 2003. Understanding dynamic capabilities. Strategic Management Journal, 24 (10): 991-995.

[147] Schilke, O. 2014. On the contingent value of dynamic capabilities for competitive advantage: The nonlinear moderating effect of environmental dynamism. Strategic Management Journal, 35 (2): 179-203.

[148] Schilke, O. , & Goerzen, A. 2010. Alliance management capability: An investigation of the construct and its measure-

ment. Journal of Management, 36 (5): 1192-1219.

[149] Shamsie, J., Martin, X., & Miller, D. 2009. In With The Old, In with The New: Capabilities, Strategies, And Performance Among The Hollywood Studios. Strategic Management Journal (30): 1440-1452.

[150] Singh, J. V. 1986. Performance, slack, and risk taking in organizational decision making. Academy of Management Journal, 29 (3): 562-585.

[151] Sirmon, D. G., & Hitt, M. A. 2009. Contingencies within dynamic managerial capabilities: Interdependent effects of resource investment and deployment on firm performance. Strategic Management Journal, 30 (13): 1375-1394.

[152] Slater, S. F., Mohr, J. J., & Sengupta, S. 2014. Radical product innovation capability: Literature review, synthesis, and illustrative research propositions. Journal of Product Innovation Management, 31 (3): 552-566.

[153] Song, J., Lee, K., & Khanna, T. 2016. Dynamic capabilities at samsung: Optimizing internal co - opetition. California Management Review, 58 (4): 118-140.

[154] Stadler, C., Helfat, C. E., & Verona, G. 2013. The impact of dynamic capabilities on resource access and development. Organization Science, 24 (6): 1782-1804.

[155] Su, H. C., Linderman, K., Schroeder, R. G., & Van de Ven, A. H. 2014. A comparative case study of sustaining quality as a competitive advantage. Journal of Operations Management, 32 (7-8): 429-445.

［156］Subramaniam, M. , & Youndt, M. A. 2005. The influ-ence of intellectual capital on the types of innovative 430 Academy of Management Annals January capabilities. Academy of Management Journal, 48 (3): 450-463.

［157］Teece, D. J. 2014. The foundations of enterprise perform-ance: Dynamic and ordinary capabilities in an (economic) theory of firms. Academy of Management Perspectives, 28 (4): 328-352.

［158］Teece, D. J. , & Leih, S. 2016. Uncertainty, innova-tion, and dynamic capabilities: An introduction. California Manage-ment Review, 58 (4): 5-12.

［159］Teece, D. J. , Pisano, G. , & Shuen, A. 1997. Dy-namic capabilities and strategic management. Strategic Management Journal, 18 (7): 509-533.

［160］Teece, D. J. 2007. Explicating dynamic capabilities: The nature and microfoundations of (sustainable) enterprise perform-ance. Strategic Management Journal, 28 (13): 1319-1350.

［161］Tihanyi, L. , Ellstrand, A. E. , Daily, C. M. , & Dal-ton, D. R. 2000. Composition of the top management team and firm in-ternational diversification. Journal of Management, 26 (6): 1157-1177.

［162］Vanpoucke, E. , Vereecke, A. , & Wetzels, M. 2014. Developing supplier integration capabilities for sustainable com-petitive advantage: A dynamic capabilities approach. Journal of Opera-tions Management, 32 (7-8): 446-461.

［163］Wang, C. L. , & Ahmed, P. K. 2007. Dynamic capabil-ities: A review and research agenda. International Journal of Management Reviews, 9 (1): 31-51.

[164] Wernerfelt, B. 1984. A resource view of the firm. John Wiley & Sons, Ltd., 5 (2): 171-180.

[165] Wilden, R., & Gudergan, S. P. 2014. The impact of dynamic capabilities on operational marketing and technological capabilities: Investigating the role of environmental turbulence. Journal of the Academy of Marketing Science, 43 (2): 181-199.

[166] Winter, S. G. 2008. Dynamic capability as a source of change. In A. Ebner & N. Beck (Eds.), The institutions of the market-organizations, social systems, and governance: 40-65. Oxford: Oxford University Press.

[167] Wilden, R., Gudergan, S. P., Nielsen, B. B., & Lings, I. 2013. Dynamic Capabilities and Performance: Strategy, Structure and Environment. Long Range Planning, 46 (1 - 2): 72-96.

[168] Wilhelm, H., Schlömer, M., & Maurer, I. 2015. How dynamic capabilities affect the effectiveness and efficiency of operating routines under high and low levels of environmental dynamism. British Journal of Management, 26 (2): 327-345.

[169] Witcher, B. J., & Chau, V. S. 2012. Varieties of Capitalism and Strategic Management: Managing Performance in Multinationals after the Global Financial Crisis. British Journal of Management, 23 (SUPPL. 1).

[170] Wooldridge, J. M. 2009. On estimating firm - level production functions using proxy variables to control for unobservables. Economics Letters, 104 (3): 112-114.

［171］Wu, S. J., Melnyk, S. A., & Flynn, B. B. 2010. Operational capabilities: The secret ingredient. Decision Sciences, 41 (4): 721-754.

［172］Yang, Y. J., & Chen, J., 2017. Do slack resources matter in Chinese firms collaborative innovation. International Journal of Innovation Studies, 1 (4): 207-218.

［173］Zahra, S. A., Sapienza, H. J., & Davidsson, P. 2006. Entrepreneurship and dynamic capabilities: A review, model and research agenda. Journal of Management Studies, 43 (4): 917-955.

［174］Zheng, S., Zhang, W., & Du, J. 2011. Knowledge-based dynamic capabilities and innovation in networked environments. Journal of Knowledge Management, 15 (6): 1035-1051.

［175］Zollo, M., & Singh, H. 2004. Deliberate learning in corporate acquisitions: Post-acquisition strategies and integration capability in U. S. bank mergers. Strategic Management Journal, 25 (13): 1233-1256.

［176］Zott, C. 2003. Dynamic capabilities and the emergence of intraindustry differential firm performance: Insights from a simulation study. Strategic Management Journal, 24 (2): 97-125.

［177］Zollo, M., & Winter, S. G. 2002. Deliberate learning and the evolution of dynamic capabilities. Organization Science, 13 (3): 339-351.

［178］柏群, 杨云. 组织冗余资源对绿色创新绩效的影响——基于社会责任的中介作用. 财经科学, 2020 (12): 96-106.

［179］薄文广，周燕愉，陆定坤．企业家才能、营商环境与企业全要素生产率——基于我国上市公司微观数据的分析．商业经济与管理，2019（8）：85-97.

［180］曹红军，赵剑波．动态能力如何影响企业绩效——基于中国企业的实证研究．南开管理评论，2008，11（6）：54-65.

［181］陈家淳．冗余资源与企业创新投入．财会通讯，2018（33）：66-70.

［182］陈丽姗，傅元海．融资约束条件下技术创新影响企业高质量发展的动态特征．中国软科学，2019（12）：108-128.

［183］董保宝，葛宝山，王侃．资源整合过程、动态能力与竞争优势：机理与路径．管理世界，2011（3）：92-101.

［184］杜勇，刘龙峰，鄢波．机构投资者增持、高管激励与亏损公司未来业绩．中央财经大学学报，2018（1）：53-67.

［185］范黎波，杨震宁．社会责任、合法性与企业适应性："国有企业"获得长期绩效的途径．东岳论丛，2012，33（6）：117-121.

［186］方润生．企业的冗余资源及其有限理性来源观．经济经纬，2004（4）：92-95.

［187］冯军政．企业突破性创新和破坏性创新的驱动因素研究——环境动态性和敌对性的视角．科学学研究，2013，31（9）：1421-1432.

［188］郭海，韩佳平．数字化情境下开放式创新对新创企业成长的影响：商业模式创新的中介作用．管理评论，2019，31（6）：186-198.

［189］郭淑娟，昝东海，刘湘（Samantha）．行业垄断、管理层权力与高管薪酬的"非均衡性"．商业研究，2018（9）：

113-120.

［190］韩君，吴俊珺．新时代我国能源高质量发展评价体系构建与测度研究．重庆理工大学学报（社会科学版），2020，34（3）：35-45.

［191］韩林静．环境动态性、中小企业创新战略与企业绩效——基于面板数据的检验分析．技术经济与管理研究，2017（7）：13-17.

［192］韩庆兰，闵雨薇．环境不确定性、管理者过度自信与研发投入．中南大学学报（社会科学版），2018，24（6）：132-139.

［193］郝挺雷．产业链视域下数字文化产业高质量发展路径研究．理论月刊，2020（4）：111-119.

［194］何玉梅，罗巧．环境规制、技术创新与工业全要素生产率——对"强波特假说"的再检验．软科学，2018，32（4）：20-25.

［195］贺小刚，李新春，方海鹰．动态能力的测量与功效：基于中国经验的实证研究．管理世界，2006（3）：94-103+113+171.

［196］贺小刚，李新春．企业家能力与企业成长：基于中国经验的实证研究．经济研究，2005（10）：101-111.

［197］黄速建，肖红军，王欣．论国有企业高质量发展．中国工业经济，2018（10）：19-41.

［198］黄先海，宋学印，诸竹君．中国产业政策的最优实施空间界定——补贴效应、竞争兼容与过剩破解．中国工业经济，2015（4）：57-69.

［199］黄英，王雅林．文化产业双重效益的实现机制研究．

学术交流，2009（5）：70-73.

［200］贾生华，陈宏辉．利益相关者管理：新经济时代的管理哲学．软科学，2003（1）：39-42+46.

［201］江小国，何建波，方蕾．制造业高质量发展水平测度、区域差异与提升路径．上海经济研究，2019（7）：70-78.

［202］姜滨滨，匡海波．基于"效率—产出"的企业创新绩效评价——文献评述与概念框架．科研管理，2015，36（3）：71-78.

［203］蒋茂凝．新时代出版业两个效益辩证统一的理论和实践．中国编辑，2020（5）：4-9.

［204］焦豪．企业动态能力绩效机制及其多层次影响要素的实证研究［D］．复旦大学，2010.

［205］解维敏，魏化倩．市场竞争、组织冗余与企业研发投入．中国软科学，2016（8）：102-111.

［206］金碚．关于"高质量发展"的经济学研究．中国工业经济，2018（4）：5-18.

［207］寇元虎．企业家才能的内涵、测量维度及实证研究——基于我国房地产开发企业的数据．中国管理信息化，2015，18（9）：42-49.

［208］黎朝红，祝志勇．环境动态性对企业绩效的作用机制研究——基于技术导向的中介效应．贵州财经大学学报，2020（5）：73-79.

［209］李大元，项保华，陈应龙．企业动态能力及其功效：环境不确定性的影响．南开管理评论，2009，12（6）：60-68.

［210］李江涛，韩雨佳，纪建悦．创新能力对企业经营绩效影响的实证分析——基于我国家电行业上市公司的经验数据．科

技管理研究，2017，37（20）：1-6．

［211］李金昌，史龙梅，徐蔼婷．高质量发展评价指标体系探讨．统计研究，2019，36（1）：4-14．

［212］李骏，刘洪伟，万君宝．产业政策对全要素生产率的影响研究——基于竞争性与公平性视角．产业经济研究，2017（4）：115-126．

［213］李强．知识产权保护与企业高质量发展：基于制造业微观数据的分析．统计与决策，2020，36（10）：181-184．

［214］李晓翔，陈邦峰，霍国庆．组织冗余如何影响中小企业产品创新？离心力和向心力的中介作用研究．研究与发展管理，2013，25（6）：16-26+71．

［215］李兴旺，王迎军．企业动态能力理论综述与前瞻．当代财经，2004（10）：103-106．

［216］刘美芬，胡安洪．互联网时代提升国有企业合作创新绩效研究——基于动态能力视角．理论探讨，2020（6）：123-128．

［217］刘星，金占明．国外组织冗余研究进展评述和矩阵式冗余分类．技术经济，2017，36（11）：49-54．

［218］刘烨，孙凡云，惠士友，张鹏．企业家资源、动态能力和企业创业期的绩效——兼与台湾高科技企业的对比研究．科学学研究，2013，31（11）：1680-1686．

［219］刘友金，周健．“换道超车”：新时代经济高质量发展路径创新．湖南科技大学学报（社会科学版），2018，21（1）：49-57．

［220］刘志彪．理解高质量发展：基本特征、支撑要素与当前重点问题．学术月刊，2018，50（7）：39-45+59．

［221］卢现祥．高质量发展的体制制度基础与结构性改革．社会科学战线，2020（5）：61-67.

［222］卢启程，梁琳琳，贾非．战略学习如何影响组织创新——基于动态能力的视角．管理世界，2018，34（9）：109-129.

［223］马俊，林珈忻，吴维库．组织心理学视角下以员工为中心的企业社会责任研究进展．技术经济，2019，38（4）：73-83+128.

［224］马宗国，曹璐．制造企业高质量发展评价体系构建与测度——2015~2018年1881家上市公司数据分析．科技进步与对策，2020，37（17）：126-133.

［225］彭雪蓉，刘洋．行业可见性、创新能力与高管认知对企业生态创新行为的影响．研究与发展管理，2015，27（5）：68-77.

［226］戚骥．支持文化产业发展的财政支出政策探析．宏观经济管理，2018（7）：59-65.

［227］乔咏波，龙静云．社会责任投资与企业伦理价值观的变革．江汉论坛，2019（6）：35-39.

［228］饶世权，刘咏梅．论文化产业的市场失灵与政府监管．出版发行研究，2015（1）：18-21.

［229］任保平，李禹墨．新时代我国高质量发展评判体系的构建及其转型路径．陕西师范大学学报（哲学社会科学版），2018，47（3）：105-113.

［230］任保平，文丰安．新时代中国高质量发展的判断标准、决定因素与实现途径．改革，2018（4）：5-16.

［231］邵闪闪．海外研发、动态能力与企业创新绩效的研

究．浙江财经大学，2018．

［232］申慧慧，吴联生．股权性质、环境不确定性与会计信息的治理效应．会计研究，2012（8）：8-16+96．

［233］苏冬蔚，贺星星．社会责任与企业效率：基于新制度经济学的理论与经验分析．世界经济，2011，34（9）：138-159．

［234］孙慧，张双兰．国际化背景下动态能力与企业创新绩效的关系研究——来自中国高技术企业的经验证据．工业技术经济，2018，37（11）：35-43．

［235］孙自愿，潘奕文，陈允晗．高管薪酬激励、内部控制质量与技术创新动态能力．中国矿业大学学报（社会科学版），2021，23（2）：88-101．

［236］王超发，史思雨，杨德林．沉淀资源、股权结构与企业研发产出效果．科学学研究，2020，38（6）：1057-1066．

［237］王晨曦，满江虹．中国体育产业高质量发展评价指标体系的构建：基于动力变革、效率变革、质量变革．首都体育学院学报，2020，32（3）：241-250．

［238］王凤彬，陈建勋．动态环境下变革型领导行为对探索式技术创新和组织绩效的影响．南开管理评论，2011，14（1）：4-16．

［239］王健忠，高明华．反腐败、企业家能力与企业创新．经济管理，2017，39（6）：36-52．

［240］王玲玲，赵文红．创业资源获取、适应能力对新企业绩效的影响研究．研究与发展管理，2017，29（3）：1-12．

［241］王瑞霞．高管学术经历、盈余管理程度与投资效率——基于烙印理论的实证研究．新疆财经大学学报，2019（3）：33-41．

［242］王永昌，尹江燕．论经济高质量发展的基本内涵及趋

向．浙江学刊，2019（1）：91-95.

[243]魏敏，李书昊．新时代中国经济高质量发展水平的测度研究．数量经济技术经济研究，2018，35（11）：3-20.

[244]温忠麟，叶宝娟．中介效应分析：方法和模型发展．心理科学进展，2014，22（5）：731-745.

[245]吴翌琳，于鸿君．企业创新推动高质量发展的路径研究——基于中国制造业企业的微观实证．北京大学学报（哲学社会科学版），2020，57（2）：105-118.

[246]夏会军，张冠楠．流通产业发展水平测度及其空间可视化分布动态研究——以京津冀城市群为例．商业经济研究，2020（12）：10-13.

[247]肖丁丁，朱桂龙．双元性视角下的企业技术能力动态成长过程研究．管理学报，2016，13（11）：1656-1664.

[248]肖鹏，李荣．国际化程度对企业绩效影响的实证研究——基于环境动态性的视角．大理大学学报，2020，5（11）：120-128.

[249]徐开娟，黄海燕，廉涛，李刚，任波．我国体育产业高质量发展的路径与关键问题．上海体育学院学报，2019，43（4）：29-37.

[250]杨林，和欣，顾红芳．高管团队经验、动态能力与企业战略突变：管理自主权的调节效应．管理世界，2020，36（6）：168-188+201+252.

[251]杨林．高管团队异质性、企业所有制与创业战略导向——基于中国中小企业板上市公司的经验证据．科学学与科学技术管理，2013，34（9）：159-171.

[252]杨石华，陶盎然．出版产业社会效益与经济效益的双

元型平衡模式——基于利益相关者理论．科技与出版，2018（10）：178-182.

［253］杨秀芝，李柏洲．企业适应能力的内涵及其提升对策研究．管理世界，2007（4）：166-167.

［254］姚凯，王亚娟．海归高管与企业国际化——基于我国高科技上市公司的实证研究．经济理论与经济管理，2020（11）：55-71.

［255］尹一军，张耀辉，谢志敏．代际传承、环境动态性与企业绩效．财经问题研究，2021（1）：106-113.

［256］余明桂，范蕊，钟慧洁．中国产业政策与企业技术创新．中国工业经济，2016（12）：5-22.

［257］俞圆圆．公司创业投资对企业创新绩效影响研究［D］．南京理工大学，2018.

［258］张广胜，孟茂源．内部控制、媒体关注与制造业企业高质量发展．现代经济探讨，2020（5）：81-87.

［259］张涛．高质量发展的理论阐释及测度方法研究．数量经济技术经济研究，2020，37（5）：23-43.

［260］张子余，袁澍蕾．生命周期视角下董监高治理机制与企业技术创新．软科学，2017，31（6）：96-99.

［261］赵凤，王铁男，王宇．开放式创新中的外部技术获取与产品多元化：动态能力的调节作用研究．管理评论，2016，28（6）：76-85+99.

［262］赵剑波，史丹，邓洲．高质量发展的内涵研究．经济与管理研究，2019，40（11）：15-31.

［263］赵息，林德林，郝婷．财务资源冗余对研发投入的影响研究——股权激励的调节效应．预测，2017，36（3）：36-41.

［264］赵艳萍，周密，罗建强，况世宝．虚拟化企业动态能力的构成与测度．软科学，2014，28（1）：124-129.

［265］祝合良，王春娟．数字经济引领产业高质量发展：理论、机理与路径．财经理论与实践，2020，41（5）：2-10.